Christoph Metzger

Wie lerne ich?

Eine Anleitung zum erfolgreichen Lernen

Bildung Sauerländer

Bibliografische Information Der Deutschen Bibliothek

Die Deutsche Bibliothek verzeichnet diese Publikation in der Deutschen Nationalbibliografie; detaillierte bibliografische Daten sind im Internet über http://dnb.ddb.de abrufbar.

Christoph Metzger
Wie lerne ich?
WLI-Schule
Eine Anleitung zum erfolgreichen Lernen für Mittelschulen und Berufsschulen
ISBN 3-0345-0054-8

Gestaltung: Wiggenhauser & Woodtli, Zürich
Illustrationen: Marc Locatelli, Zürich
Kopiervorlagen: Hannes Saxer, Muri BE

5. Auflage 2002
Copyright © 1995 Text, Illustration, Ausstattung by Bildung Sauerländer
(Sauerländer Verlage AG), Aarau, Switzerland

WLI-Schule. Lernstrategieninventar für Schülerinnen und Schüler / Fragebogen
ISBN 3-0345-0004-1

WLI-Hochschule. Lernstrategieninventar für Studentinnen und Studenten / Fragebogen
ISBN 3-0345-0005-X

WLI-Schule. Eine Anleitung zum erfolgreichen Lernen für Mittelschulen und Berufsschulen (mit beigelegtem Fragebogen)
ISBN 3-0345-0054-8

**WLI-Hochschule. Lern- und Arbeitsstrategien
Ein Fachbuch für Studierende an Universitäten und Fachhochschulen** (mit beigelegtem Fragebogen)
ISBN 3-0345-0055-6

WLI-Schule. Handbuch für Lehrkräfte
ISBN 3-7941-4877-0

Fragebogen italienisch
ISBN 3-7941-4047-8
Genauer Titel: IDISS-Metodo per imparare a studiare meglio

Fragebogen französisch
ISBN 3-7941-4048-6
Genauer Titel: M-AMA-Méthode: apprendre à mieux apprendre

Alle Rechte vorbehalten. Das Werk und seine Teile sind urheberrechtlich geschützt. Jede Verwertung in anderen als den gesetzlich zugelassenen Fällen bedarf deshalb der vorherigen schriftlichen Einwilligung des Verlages.

Bildung Sauerländer, Sauerländer Verlage AG, Postfach, 5001 Aarau
www.bildung-sauerlaender.ch

Vorwort

Der Lernerfolg hängt nachweisbar nicht nur von der Qualität des Unterrichts ab, sondern auch davon, wie gut Schülerinnen und Schüler ihre Lernprozesse selber gestalten. Selbständige Lerner sind erfolgreichere Lerner. Eine hohe Selbständigkeit beim Lernen erfordert ein gutes Repertoire an Lernstrategien, d. h. Gedanken und Handlungsweisen, die nicht einfach schematisch wie Techniken, sondern flexibel, ausgerichtet auf die jeweilige Lernsituation und den Lerner, selbst eingesetzt werden.

Dieses Buch baut auf dem beigelegten Lernstrategieninventar **WLI-Schule** auf. Sie können damit, liebe Schülerinnen und Schüler, Ihre Stärken und Schwächen in massgeblichen Lernstrategien selbst erfassen und mit den Werten entsprechender Schülerstichproben vergleichen. Das so ermittelte Lernstrategienprofil können Sie in Zusammenarbeit mit den Lehrpersonen als Grundlage verwenden, um mit Hilfe des Buches gezielt das eigene Lernen zu verbessern. Das Buch kann in verschiedenen Situationen eingesetzt werden, so etwa in einem eigentlichen Kurs oder Fach «Lernen lernen», als begleitende Lernunterstützung in verschiedenen Fächern, in der Klassenlehrerstunde, in der Lernberatung oder im Selbststudium.

Ausgehend vom Lernstrategieninventar befasst sich das Buch mit drei Hauptbereichen von Lernstrategien: «Lernsituation positiv gestalten», «Wissen erwerben», «Prüfungen bewältigen». Statt langer theoretischer Abhandlungen finden Sie in jedem Kapitel Empfehlungen für den Schulalltag, zahlreiche Anschauungsbeispiele, Anleitungen zur Selbstanalyse und Arbeitsvorschläge. In die 3. Auflage wurden weitere wichtige Anwendungen aufgenommen: «eine schriftliche Arbeit verfassen», «überzeugend präsentieren» und «in Gruppen lernen und arbeiten». In der 4. Auflage wurden einige Arbeitsvorschläge angepasst sowie im Abschnitt «Eine schriftliche Arbeit verfassen» weitere Hinweise zum Umgang mit dem Internet aufgenommen. Im Anhang finden sich zahlreiche Kopiervorlagen wie z. B. Zeitpläne und Lernstrategienprotokolle. Sie lernen besonders, dass Sie Ihre Lernstrategien bewusst auswählen, kontrolliert einsetzen und wenn nötig anpassen sollen, und zwar unter Berücksichtigung der jeweiligen Lernsituation und der eigenen Kenntnisse, Fähigkeiten und Neigungen. Vermittelt werden also nicht einfach stur anzuwendende, so genannt einzig richtige Techniken. Dabei sollen Sie nie den Eindruck gewinnen, Sie müssten alle Empfehlungen gleichzeitig und maximal beachten. Vielmehr sollten Sie Ihre Stärken, die Sie in gewissen Bereichen des Lernens haben, bewahren und dort ansetzen, wo Sie gewisse Schwächen verspüren.

Ich danke allen, die an diesem Buch mitgearbeitet haben. Meine Freunde Claire Ellen Weinstein und David Palmer von der University of Texas in Austin haben in mehrjähriger Zusammenarbeit mit mir an der Übertragung des von ihnen in den USA entwickelten und dort erfolgreich eingesetzten Lernstrategieninventars (LASSI) mitgewirkt und massgebliche Anstösse zu diesem Buch gegeben. Zahlreiche Lehrpersonen und Tausende von Schülerinnen und Schülern haben sich für die Eichung des Fragebogens zur Verfügung gestellt und mit ihren Kommentaren zum Inhalt des Buches beigetragen. Mitarbeiterinnen und Mitarbeiter des Instituts für Wirtschaftspädagogik der Universität St. Gallen, besonders dipl. Hdl. Charlotte Nüesch und dipl. Hdl. Elvira Schoch-Perret haben mich mit ihren Erfahrungen aus Unterricht und Lehrerweiterbildung unterstützt. Silvia Bissig hat mit Präzision und Ausdauer die Dateneingabe und die Textverarbeitung besorgt, dipl. Hdl. Daniel Jabornegg und dipl. Hdl. Michael Käppeli haben redaktionell tatkräftig mitgearbeitet. Frau Bonita Jud hat viele Beispiele niedergeschrieben. Besonders danken möchte ich meiner Familie, die mich mit Geduld, eigenen Lernerfahrungen und Anschauungsbeispielen unterstützt hat. Franziska und Thomas haben zahlreiche Beispiele aus ihren eigenen Schulerfahrungen beigetragen. Schliesslich danke ich den Verantwortlichen des Verlages.

Christoph Metzger

Inhalt

Einleitung **5**
1. Wie lerne ich? – Eine Selbstanalyse 5
2. Was sind Lernstrategien? 5
3. Im Gedächtnis treffen verschiedene Lernstrategien zusammen 8
4. Aufbau des Buches 10

1 Sich motivieren **12**
1. Ziele setzen 12
2. Sich Erfolgserlebnisse verschaffen 14
3. Das eigene Interesse wecken 16
4. Sich positiv einstellen und positiv denken 17

2 Mit der Zeit umgehen **19**
1. Zeit richtig einteilen und regelmässig nutzen 19
2. Zeit gewinnen 21
3. Mit Zeitplänen arbeiten 22
4. Unnötiges Hinausschieben von Arbeiten vermeiden 32
5. Zeitanalysen durchführen 33

3 Sich konzentrieren **36**
1. Mit Störungen umgehen: verhindern, wahrnehmen, vermindern, ausschalten, verdrängen ... 37
2. Arbeitsplatz gestalten 40
3. Bewusst handeln 42
4. Regeln zur Motivation beachten 42
5. Konzentrationsanalysen durchführen 42

4 Mit Angst und Stress umgehen **45**
1. Realistisch und positiv denken und handeln 46
2. Günstige äussere und körperliche Bedingungen schaffen 47
3. Belastende Situationen und sich selbst realistisch einschätzen 48
4. Aufkommende Angst bekämpfen 49
5. Angstanalyse durchführen 50

5 Wesentliches erkennen **54**
1. Wahrnehmungskanäle situationsgerecht einsetzen 55
2. Auf die Form der Information achten 56
3. Den Aufbau einer Information erkennen 57

6 Informationen verarbeiten **62**
6.1 Allgemeine Lernstrategien 62
   1. Informationen anreichern 63
   2. Informationen ordnen 65
   3. Wiederholen und üben 71

6.2 Notizen machen 75
   1. Das Notizenmachen vorbereiten 75
   2. Notizen gezielt machen 78
   3. Notizen nachbearbeiten 79
6.3 Lesen 83
   1. Vor dem Lesen: das Lesen vorbereiten 83
   2. Während des Lesens: gezielt lesen 85
   3. Nach dem Lesen: das Gelesene nachbearbeiten und wiederholen 88
6.4 Eine schriftliche Arbeit verfassen 94
   1. Vorbereiten – Forschen 95
   2. Strukturieren – Disposition entwerfen 98
   3. Entwurf und Reinfassung schreiben 100
6.5 Überzeugend präsentieren 108
   1. Eine Präsentation vorbereiten 108
   2. Eine Präsentation durchführen 112
   3. Eine Präsentation nachbearbeiten 116

7 Prüfungen bewältigen **117**
1. Prüfungen vorbereiten 117
2. Sich während einer schriftlichen Prüfung richtig verhalten 123
3. Sich in einer mündlichen Prüfung richtig verhalten 131
4. Die Prüfung nachbearbeiten 133

8 Sich selbst kontrollieren **138**
1. Das eigene Verstehen und Können kontrollieren 139
2. Den ganzen Lernprozess lenken 142

9 In Gruppen lernen und arbeiten **151**
1. Vor der Gruppenarbeit 151
2. Während der Gruppenarbeit 153
3. Nach der Gruppenarbeit 154
4. Erster Spezialfall: arbeitsteilige Gruppenarbeit 154
5. Zweiter Spezialfall: eine Prüfung in Gruppen vorbereiten 155

Kopiervorlagen **157**

Literaturverzeichnis **173**

Register **174**

Einleitung

1 Wie lerne ich? – Eine Selbstanalyse

Bevor Sie mit dem Durcharbeiten dieses Buches beginnen, sollten Sie Ihr Lernverhalten analysieren. Dazu dient Ihnen der beigelegte Fragebogen **WLI-Schule.** Wenn Sie diesen ausgefüllt und ausgewertet haben, werden Sie bereits ein Bild von Ihren Lernstrategien gewonnen haben und sich nun mit verschiedenen Arten von Lernstrategien näher beschäftigen wollen.

2 Was sind Lernstrategien?

Zum Einstieg ein Beispiel

Heute Freitag erhält die Klasse 3c von ihrer Deutschlehrerin als Hausaufgabe den Auftrag, bis nächsten Donnerstag einen Hausaufsatz zu verfassen. Thema: «Die Rolle der Schweiz im Zweiten Weltkrieg», Umfang zwei bis vier Seiten, Druckschrift. Wie erledigen Esther und Erich aus dieser Klasse den Auftrag?

Erich weiss, dass ihm am Tag vor der Abgabe neben den allgemeinen Hausaufgaben und der Vorbereitung der Betriebskundeprüfung keine Zeit mehr für den Aufsatz bleiben wird. Er muss diesen also bis Dienstagabend fertig stellen. Für morgen Samstag hat Erich sich bereits für eine Velotour mit seinem Cousin verabredet. Am Sonntag wird er auch nicht am Aufsatz arbeiten können, denn da steht ein ganztägiges Fussballturnier auf dem Programm. So geht Erich noch heute Freitag in die Schulbibliothek. Er findet ein neueres, umfangreiches Werk, in dem verständlich und anschaulich über die Schweiz im Zweiten Weltkrieg berichtet wird. Er leiht sich dieses Buch aus, studiert es im Überblick, macht sich einige Notizen und entscheidet, was er am Samstagmorgen herauskopieren will. Während der Velotour, besonders in der Mittagspause, erhält Erich von seinem Cousin, der Geschichte studiert, noch ein paar nützliche Informationen. Erst am Montag kann Erich aber mit dem Aufsatz beginnen. Weil er im Schreiben wirklich begabt ist, kommt er schnell voran und schreibt den Entwurf gleich am Computer. Am Dienstag erledigt er Feinkorrekturen und erstellt die Reinschrift; mit den Literaturangaben sind es gerade zwei Seiten. – Erich erhält für den Aufsatz die Note 5 (gut). Die Lehrerin findet Inhalt, Aufbau und Stil des Aufsatzes sehr gut, der Aufsatz sei allerdings etwas knapp ausgefallen, er hätte noch mehr Aspekte erwähnen sollen. Erich ist mit dem Ergebnis zufrieden und sagt sich, er habe mit dem geleisteten Aufwand das Optimum erreicht.

Erichs Schulkollegin Esther freut sich über die Themenstellung, denn sie interessiert sich sehr für Geschichte. Sie fühlt sich gar nicht unter Zeitdruck, da sie nur gerade am Sonntagnachmittag zu einer Party eingeladen ist, im Übrigen aber jeden Tag für die Schule arbeiten kann. Auch sie

Einleitung

geht gleich am Freitag in die Schulbibliothek und überfliegt fünf Bücher zum Thema. Sie notiert sich erste Gedanken zum Aufbau des Aufsatzes und macht einige Fotokopien. Am Samstag leiht sie sich noch zusätzlich in der Stadtbibliothek ein Buch aus und erstellt anschliessend eine verfeinerte Disposition. Am Montagnachmittag beginnt sie, den Aufsatz zu entwerfen. Es kommen ihr aber einige Zweifel, ob die Disposition nicht zu viele Aspekte umfasse. Daher diskutiert sie am Abend mit ihrer Mutter darüber. Am Dienstag arbeitet sie weiter am Entwurf, was sie recht viel Zeit kostet, weil sie viele Textteile immer wieder überarbeitet, bis sie endlich zufrieden ist. Am Mittwoch erstellt sie die Reinschrift am Computer einer Kollegin. Mit einer Raum sparenden Schrift schafft sie es gerade, vier Seiten nicht zu überschreiten. Esther erhält den Aufsatz mit der Note 5+ zurück. Der Kommentar der Lehrerin lautet: inhaltlich sehr gut, aber teilweise etwas langatmig. Stil korrekt, zu lange Sätze vermeiden.

An diesem Beispiel erkennen Sie, dass bei der gleichen Aufgabenstellung unterschiedliche Wege zum Erfolg führen können. Es handelt sich bei Erich und Esther um selbständige Lerner, d. h. sie verfügen über ein gutes Repertoire von Lernstrategien, das sie angemessen und zielstrebig einsetzen. Was heisst hier aber **strategisch lernen?** Gute Lernstrategen «schiessen» beim Lernen nicht einfach los, sondern überlegen sich angemessen gründlich, wie sie vorgehen sollen. Dabei beachten sie die Lernsituation (Lernaufgabe und Rahmenbedingungen) einerseits sowie ihre eigenen Stärken, Neigungen, Ziele und Erfahrungen anderseits. Dementsprechend haben sie oft mehrere Vorgehensweisen zur Verfügung, wählen ein geeignetes Vorgehen aus, kontrollieren laufend, ob ihr Vorgehen bei vernünftigem Aufwand zum Ziel führt, und passen es gegebenenfalls der Situation an. Lehrpersonen sind für solche Schülerinnen und Schüler zwar eine wichtige Hilfe, aber nicht unentbehrliche Personen, die ihnen den Lernweg immer aufzeigen müssen. Diese Zusammenhänge veranschaulicht das folgende Lernmodell.

Wozu Lernstrategien? In der Mitte des Modells wird gezeigt, wozu Sie Lernstrategien überhaupt brauchen. Beim Lernen geht es im Wesentlichen darum, Wissen in verschiedenen Situationen (im Unterricht, im Selbststudium) zu erwerben. Unter Wissen versteht man dabei nicht nur das Kennen von Fakten, Begriffen und Zusammenhängen, sondern ebenso verschiedenste Fertigkeiten und Fähigkeiten (z. B. einen Text verfassen, zwei Dinge miteinander vergleichen) sowie deren Anwendung. Zu Ihrem Alltag gehört, dass Sie immer wieder Ihr Wissen und Können in Prüfungen unter Beweis stellen müssen. Das erfolgreiche Erwerben von Wissen und das Bewältigen von Prüfungen hängt dabei auch davon ab, dass Sie die Situation selbst positiv gestalten können, in der Sie lernen bzw. geprüft werden. Dazu gehört, dass Sie sich selbst motivieren und konzentrieren können, die Zeit zweckmässig einteilen sowie gut mit Stress und Angst umgehen.

Einleitung

Ein Lernmodell

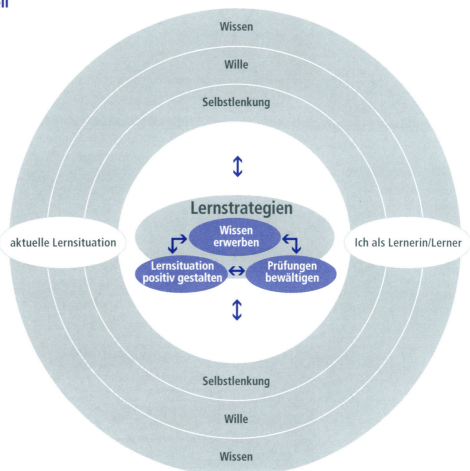

Wann nützen Lernstrategien wirklich?

Ob Sie erfolgreich mit Lernstrategien umgehen können, hängt von drei Faktoren ab (vgl. die drei Kreise im Lernmodell):

- Sie müssen verschiedene Lernstrategien kennen und sie einsetzen können (Wissen).
- Sie müssen bereit sein, Lernstrategien anzuwenden (Wille, mentale Einstellung).
- Sie müssen Ihren ganzen Lernprozess selbständig lenken, d. h. geeignete Lernstrategien auswählen, kontrollieren, ob sie auch zum Erfolg führen, und wenn nötig durch andere Lernstrategien ersetzen (Selbstlenkung).

Wovon hängt der Einsatz von Lernstrategien ab?

Zwei Hauptüberlegungen sollten den Einsatz der Lernstrategien bestimmen:

- Wie sieht die **aktuelle Lernsituation** aus (Lernziel, Art der Aufgabe, Umfang der Aufgabe, Bedeutung einer Prüfung, verfügbare Zeit usw.)?
- In welchem **Zustand als Lerner oder Lernerin** bin ich (Vorwissen, Interesse, persönliches Ziel, Lernerfahrungen und Lerngewohnheiten usw.)?

Einleitung

3 Im Gedächtnis treffen verschiedene Lernstrategien zusammen

Ziel Ziel des Lernens ist es, Informationen auszuwählen, aufzunehmen, zu verarbeiten, im Gedächtnis zu speichern sowie bei Bedarf wieder abzurufen und anzuwenden. Damit diese Prozesse optimal ablaufen, brauchen Sie eine Reihe von Strategien. Das Zusammenspiel dieser Lernstrategien können Sie gut am einleitenden Beispiel mit Esther und Erich nachvollziehen. Sie können es aber auch erkennen, wenn Sie sich vorstellen, was alles in Ihrem Gedächtnis abläuft, während Sie Wissen erwerben, abrufen und anwenden.

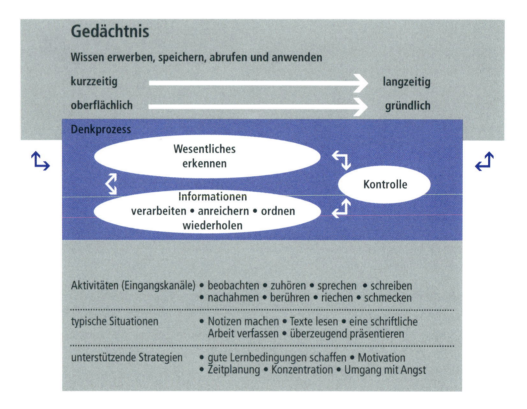

Das Gedächtnis wird als zentrale Instanz angesehen, die Informationen aufnimmt, verarbeitet und wieder auffindet. Je nach Anforderung (z. B. was wird an Prüfungen verlangt, was möchten Sie wirklich wissen, wie viel Zeit haben Sie fürs Lernen?) werden Sie Wissen unterschiedlich gründlich erwerben und verarbeiten sowie unterschiedlich lange behalten müssen. Das Gedächtnis mit seiner dynamischen Struktur hat die Fähigkeit, sich diesen Bedürfnissen anzupassen.

Zeitachse Das Gedächtnis kann man als eine Zeitachse verstehen, die von ganz kurzzeitig bis sehr langzeitig reicht. Beispielsweise wollen oder müssen Sie eine Telefonnummer, die Sie nachgeschaut haben, nur so lange behalten, bis Sie den Anschluss hergestellt haben. Oder Sie müssen die Nummer eines Gesetzesartikels nur so lange wissen, bis Sie diese in der Lösung eines Rechtsfalles festgehalten haben. Viele Fakten und Zusammenhänge müssen Sie mindestens bis zu einer Prüfung behalten, einiges davon können Sie dann, wie Sie wohl auch schon erfahren haben, wieder vergessen, weil Sie nie mehr danach gefragt werden und es auch nicht brauchen, um neuen Stoff zu verstehen. Vieles von dem, was Sie lernen, sollten Sie aber viel länger behalten, damit Sie neuen Stoff überhaupt verstehen (z. B. grammatikalische Regeln, volkswirtschaftliche Grundbegriffe) oder praktische Arbeiten ausführen können (z. B. Bedienung des Computers). Manches darf aber auch wieder vergessen werden, weil es ganz einfach veraltet oder nicht mehr gebraucht wird (z. B. gewisse Arbeitsabläufe). Vieles schliesslich behalten Sie lebenslang, weil Sie es immer wieder brauchen (z. B. viel sprachliches Wissen und Können) oder weil Sie sich aus Freude daran immer wieder damit beschäftigen.

Verarbeitungstiefe Im Gedächtnis kann etwas auch unterschiedlich gründlich verarbeitet werden. So gibt es Wissen, das Sie sich nur oberflächlich merken müssen, weil niemand verlangt, dass Sie es auch verstehen, oder weil man es gar nicht eigentlich verstehen kann. Das ist bei vielen so genannten Fakten (Namen, Daten) der Fall. Viel Wissen können Sie aber nur besser behalten und anwenden, wenn Sie es auch verstehen, d. h. den Sinn erfassen. Dies haben Sie dann geschafft, wenn Sie beispielsweise Begriffe, Ereignisse und Zusammenhänge in eigenen Worten umschreiben oder Ihr Wissen an praktischen Beispielen anwenden können. Noch gründlicher müssen Sie Wissen verarbeiten, wenn Sie Informationen selbständig analysieren oder beurteilen und für Sie neuartige Probleme lösen müssen.

Arbeitsgedächtnis Was in der Literatur oft noch Kurzzeitgedächtnis genannt wird, ist besser als Arbeitsgedächtnis zu bezeichnen. Damit ist sozusagen die Zentraleinheit des Gedächtnisses gemeint, die dazu dient, Informationen selektiv aufzunehmen und sie so gründlich wie möglich mit dem Vorwissen zu verknüpfen sowie zu verarbeiten, mit dem Ziel, das Wissen so lange wie nötig zu behalten und es wenn nötig wieder abzurufen oder zu rekonstruieren. Dieser Prozess läuft bewusst, zielgerichtet, kontrolliert und flexibel ab. Sie als Lernende nehmen Wissen also nicht passiv auf, sondern es laufen im Arbeitsgedächtnis bewusste, aktive Prozesse ab, mit denen Sie Ihr Wissen konstruieren und einsetzen. Die Qualität der im Arbeitsgedächtnis ablaufenden Prozesse hängt von verschiedenen, im Modell aufgeführten Elementen ab.

- Zwei Hauptarten von Denkprozessen, nämlich «Wesentliches erkennen» und «Informationen verarbeiten», müssen miteinander verknüpft werden.
- «Informationen aufnehmen und verarbeiten» erfordert die Aktivierung verschiedener Eingangs- oder Wahrnehmungskanäle.
- Typische Situationen, in denen verschiedene Eingangskanäle angewendet werden, sind «Texte lesen» und «Notizen machen».
- Schliesslich unterstützen Lernstrategien, mit denen Lernbedingungen positiv beeinflusst werden, diese Denkprozesse.

Einleitung

4 Aufbau des Buches

Die Anleitungen zum Lernen sind entsprechend dem Lernstrategienprofil des Fragebogens **WLI-Schule** in acht Gruppen unterteilt:

- Wie Sie eine Lernsituation selbst positiv beeinflussen und gestalten können, lernen Sie in den Kapiteln 1 bis 4: sich motivieren, mit der Zeit umgehen, sich konzentrieren, mit Angst und Stress umgehen.
- Lernstrategien zum Erwerben von Wissen finden Sie in den Kapiteln 5 und 6: Wesentliches erkennen, Informationen verarbeiten. Hier stossen Sie auch auf typische Anwendungssituationen in der Schule:
  - Notizenmachen
  - Lesen von Texten
  - Verfassen einer schriftlichen Arbeit
  - Erfolgreich präsentieren
- Kapitel 7 ist den Lernstrategien «Prüfungen bewältigen» gewidmet.
- In Kapitel 8 zeigen Lernstrategien zum Thema «Sich selbst kontrollieren», wie Sie Ihr Lernen selbst lenken können.
- Viele Lernstrategien in den Kapiteln 1 bis 8 können Sie in verschiedenen Situationen anwenden, so etwa während des Unterrichts, beim Lernen am Arbeitsplatz, im Selbststudium, wenn Sie allein oder im Team lernen. In Kapitel 9 können Sie einige Lernstrategien vertiefen, die Sie besonders beim Lernen und Arbeiten in Gruppen anwenden können.

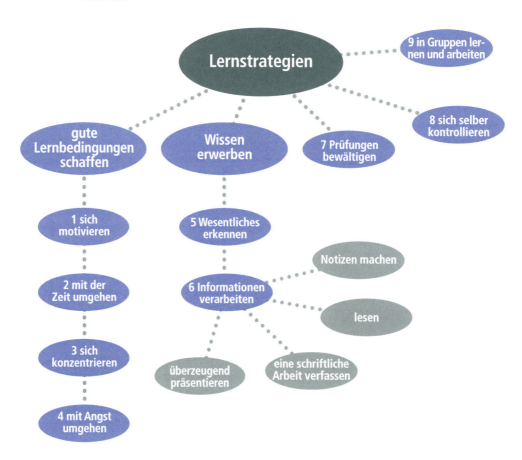

Einleitung

Selbstkontrolle In jedem Kapitel werden Sie aufgefordert, sich selbst beim Anwenden von Lernstrategien zu kontrollieren. Stellen Sie also jeweils sinngemäss die folgenden Überlegungen an.

Selbstkontrolle → **Lernstrategien auswählen** → **Lernstrategien kontrollieren** → **Lernstrategien anpassen**

- Denken Sie öfter über Ihr Lernen nach und fragen Sie sich:
  - Bin ich mit dem Lernergebnis zufrieden?
  - Stimmt der Aufwand im Vergleich zum Ergebnis?
  - Fühle ich mich beim Lernprozess wohl?
  - Was will und kann ich unternehmen, um Lernergebnis und Lernprozess positiv zu beeinflussen?
  - Welche dieser Strategien wende ich bereits mehr oder weniger bewusst an?
  - Welche Strategien will ich künftig in welchen Situationen anwenden, weil ich sie für diese Situation geeignet und für mich wichtig finde?
  - Wende ich auch zum Studium dieses Buches die hier vermittelten Lernstrategien an?
- Befolgen Sie die Empfehlungen zu den ausgewählten Strategien.
- Kontrollieren Sie, ob die gewählte Strategie funktioniert.
- Wenn Sie feststellen, dass Sie mit den gewählten Strategien nicht zum Ziel kommen, dann ändern Sie Ihre Strategie oder suchen Sie andere Strategien. Suchen Sie auch Unterstützung bei Mitschülern oder fragen Sie die Lehrpersonen um Rat.
- Fassen Sie Vorsätze und kontrollieren Sie, ob Sie diese einhalten. Wenn Sie einen Vorsatz nicht eingehalten haben, fragen Sie sich: Warum nicht, was wird daraus folgen, was unternehme ich dagegen?

1 Sich motivieren

Worum geht es?

Haben Sie sich auch schon gedacht: «Das kann ich doch nicht gebrauchen!» oder: «Das ist für mich halt zu schwierig!» oder «Heute habe ich keine Lust zum Lernen!»? Dann haben Sie mit Ihrer Motivation, d.h. mit der Bereitschaft zu lernen, gekämpft. Ihre Motivation hängt davon ab, wie wertvoll oder nützlich Ihnen ein Thema, ein Fachgebiet, ja die ganze Ausbildung erscheint und für wie wahrscheinlich Sie es halten, das Thema, das Fachgebiet oder die Ausbildung erfolgreich meistern zu können. Je mehr Interesse Sie aufbringen können und je besser Ihre Aussichten auf Erfolg sind, umso positiver ist auch Ihre Motivation. Schliesslich hängt Ihre Motivation (mindestens kurzfristig) auch von Ihrer allgemeinen Befindlichkeit (Stimmung, Laune, Gefühle, Erfolg in andern Fächern und Lebensbereichen) ab.

Motivation ist nun aber nicht einfach etwas, was man hat oder nicht hat. Vielmehr können Sie Ihre Motivation in jeder Situation und in jedem Fach selbst beeinflussen, indem Sie an Ihrer Selbstdisziplin, an Ihrem Einsatz und Willen arbeiten und einige positive Gewohnheiten entwickeln.

Kurzfristige, konkrete Motivationen lassen sich dabei leichter beeinflussen als allgemeinere und langfristige. Sich immer wieder im Schul- und Betriebsalltag für konkrete Themen und Situationen zu motivieren hilft aber auch, eine langfristige, überdauernde Motivation aufzubauen. Und umgekehrt hilft es sicherlich auch, immer wieder eine positive Vision für die Zukunft vor Augen zu haben.

Lernstrategien

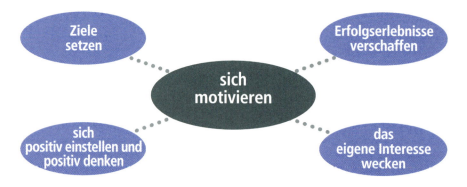

1 Ziele setzen

Setzen Sie sich beim Lernen immer wieder selbst Ziele. Zuerst sollten Sie erkennen, welche Ziele Ihnen von aussen (z.B. von der Lehrperson, vom Lehrmeister, von den Eltern) vorgegeben werden und welche Sie sich selbst setzen dürfen bzw. müssen.

1 Sich motivieren

Unterschiedlicher Zeithorizont

Setzen Sie sich kurz-, mittel- und langfristige Ziele.

- Arbeiten Sie in erster Linie mit **kurzfristigen** und damit überschaubaren Zielen. Diese betreffen einzelne Tage, eine bis mehrere Wochen. Kurzfristige Ziele sollten konkret, messbar und zeitbezogen sein. Fragen Sie sich situationsgerecht etwa: Welche Teilschritte will ich bis wann erledigen? Bringen mich die Teilschritte dem Ziel wirklich näher? Welche Arbeit will ich bis wann abschliessen? Wie lange will ich an etwas arbeiten? Mit wem will ich daran arbeiten? Wie gut will ich etwas erledigen? Welche Schwierigkeiten könnten auf dem Weg zum Ziel auftauchen? Beispiele:

  - «Ich will den Aufsatz bis nächsten Mittwoch verfasst haben.»
  - «Heute von 16 bis 18 Uhr arbeite ich zur Vorbereitung auf die Prüfung im Buchhaltungsbuch das Kapitel X durch und löse auch die entsprechenden Aufgaben, und zwar so gründlich, dass ich morgen mit meiner Kollegin in der Zwischenstunde die offenen Fragen diskutieren kann.»
  - «Morgen werde ich im Büro (da ich etwas freie Zeit habe) meine Sammlung von selbst erstellten Geschäftsbriefen aktualisieren.»

- Oft ist es nötig, dass Sie auch einen längeren Zeitraum, in der Regel ein ganzes Schulsemester oder mindestens -quartal im Auge behalten und dafür **mittelfristige** Ziele setzen. Dies ist besonders dann nötig, wenn Sie Abschlussprüfungen (z. B. Lehrabschluss, Diplom, Matura) vorbereiten oder wenn Sie über lange Zeit neben dem schulischen oder betrieblichen Alltag an einem grösseren Auftrag zu arbeiten haben (z. B. Projektarbeit, Maturaarbeit). Fragen Sie sich beispielsweise: Was will ich erreichen? Was will ich bis wann erledigen? Was will ich wie gut bestehen? Beispiele:

  - «Von jetzt an bis einen Monat vor der Lehrabschlussprüfung will ich den gesamten Prüfungsstoff in allen Fächern durchgearbeitet haben, so dass ich in der dann noch verbleibenden Zeit nur noch die Zusammenfassungen einmal wiederholen muss.»
  - «Ich will bis drei Wochen vor Ende des Semesters die Facharbeit fertig gestellt haben und dabei aus meiner Sicht das Bestmögliche leisten.»

- Überlegen Sie sich von Zeit zu Zeit auch, welche **langfristigen Ziele** Sie eigentlich verfolgen. Solche Ziele beziehen sich auf Ihre Ausbildung als Ganzes (z. B. die Berufslehre oder das Gymnasium). Fragen Sie sich situationsgerecht beispielsweise: Was will ich erreichen? Warum besuche ich diese Schule überhaupt? Was will ich neben der Ausbildung im Bereiche meiner Hobbys erreichen? Was will ich im Anschluss an diese Ausbildung tun? Welche Konsequenzen ergeben sich daraus für meine kurzfristigen Ziele? Beispiele:

1 Sich motivieren

> - «Ich will in drei Jahren die Lehrabschlussprüfung mit einem Notendurchschnitt von 5.0 bestehen.»
> - «Ich will im Anschluss an die Lehre zwei Fremdsprachaufenthalte von je drei Monaten einschalten und dabei auch ein anerkanntes Sprachdiplom erwerben. Deshalb möchte ich im Sprachunterricht auch bereits in der Schule ein gutes Leistungsniveau erreichen.»

Sie dürfen sich bei Ihren langfristigen Zielen sehr wohl von gewissen persönlichen Visionen leiten lassen, bleiben Sie dabei aber doch realistisch.

Zielerreichung kontrollieren Setzen Sie nicht nur Ziele, sondern behalten Sie diese auch im Auge und kontrollieren Sie, ob Sie sie auch erreichen, ganz besonders die mittel- und kurzfristigen. Wenn Sie ein Ziel nicht erreichen, fragen Sie sich: Warum habe ich es nicht erreicht? Habe ich das Erreichen des Ziels hinausgeschoben oder etwas dafür Notwendiges gar nicht getan? Was ist daraus gefolgt? Was unternehme ich nun dagegen? Wollte ich das Ziel wirklich erreichen? War es gar kein realistisches Ziel, sondern nur ein Wunschtraum oder eine blosse Hoffnung? Fragen Sie sich aber auch, warum Sie ein Ziel erreicht haben und was Sie künftig wieder so tun wollen.

2 Sich Erfolgserlebnisse verschaffen

Erfolgserlebnisse motivieren zur Weiterarbeit. Eine wichtige Voraussetzung dafür ist, dass Sie sich realistische Ziele setzen, die Sie mit einer vernünftigen Anstrengung erreichen können. Auch sollten Sie sich bewusst Erfolgserlebnisse verschaffen.

- Führen Sie den Erfolg beim Lernen auf Ihre eigene Anstrengung zurück und sehen Sie den Erfolg nicht einfach als Zufall oder Glückssache an (z. B. «Damit habe ich mich wirklich gründlich auseinander gesetzt.»)
- Packen Sie eine unangenehme Aufgabe zwischen zwei angenehme. Hüpfen Sie aber nicht dauernd von einer Aufgabe zu andern, wenn Schwierigkeiten auftauchen.
- Wenden Sie Gelerntes an, denn so sehen Sie, wie Ihre Kenntnisse und Ihr Können zunehmen (z. B. praktische Beispiele suchen, mit jemandem über das Gelesene diskutieren).
- Fragen Sie Mitschülerinnen und -schüler, wie sie sich Erfolgserlebnisse verschaffen, und überlegen Sie sich, ob Sie es ähnlich machen könnten.
- Erledigen Sie eine Lernaufgabe mit andern zusammen, so dass Sie sich gegenseitig Rückmeldungen geben können.
- Belohnen Sie sich selbst und geniessen Sie den Erfolg. Übertreiben Sie aber das Mass der Belohnung nicht. Das kann kontraproduktiv sein.

➡ Zielsetzung mit Teilschritten unter Berücksichtigung möglicher Schwierigkeiten

❓ Aufgabe	➡ Zielsetzung
30'-Vortrag Deutsch in 14 Tagen (Vortrag halten, Fragen beantworten)	Ich will meinen Vortrag über Texas bis 23.5. fertiggestellt und eingeübt haben.

🔧 Teilschritte	❗ mögliche Schwierigkeiten	✋ Massnahmen
1. In Schulbibliothek nach Büchern + Zeitschriften zum Thema suchen	Wenige oder keine brauchbaren Informationen	Kantonsbibliothek; Fachlehrer fragen
2. Bücher + Zeitschriften auswerten; bestimmen, was im Vortrag vorkommen soll	zu viele Unterlagen Konzentration auf Wesentliches	Zeitplanung Lesestrategie (Überblick) Strategie "Wesentliches"
3. Vortrag schriftlich ausformulieren	Einstieg finden gehemmt, frei zu sprechen	Interesse Zuhörer überlegen, nur in Stichworten formulieren
4. Hilfsmittel bestimmen und organisieren (Karten, Folien, evtl. Plakat); Film ausleihen	Film trifft nicht rechtzeitig ein.	Film sofort bestellen; andere Variante überlegen.
5. Ablaufplan Vortrag (Drehbuch)		
6. Folien herstellen Arbeitsblatt für Schüler schreiben + kopieren		
7. Vortrag einüben	Vortrag dauert zu lange	Kürzungen vornehmen
8. Mögliche Schülerfragen und Antworten dazu überlegen		

1 Sich motivieren

3 Das eigene Interesse wecken

Motivation hat sehr viel mit Interesse zu tun. Wenn Sie sich mit einer Lernaufgabe beschäftigen, machen Sie sich immer wieder ein paar grundsätzliche Gedanken zum Lerngegenstand.

- Fragen Sie sich zuerst, ob Sie an einem Lerngegenstand bereits interessiert sind oder Ihr Interesse zuerst wecken müssen.
- Wenn Sie sich für einen Lerngegenstand nicht interessieren, fragen Sie sich, weshalb. Liegt es vielleicht daran, dass Sie den Bezug zum Alltag nicht sehen? Oder fehlt Ihnen das Vorwissen, so dass Sie sich nicht zutrauen, eine Aufgabe zu erledigen?
- Suchen Sie Beziehungen zwischen Neuem und Bekanntem, indem Sie abklären, was Sie schon wissen und was Sie vom neuen Stoff erwarten.
- Suchen Sie im Alltag Bezugspunkte zum Schulstoff (z. B. am Arbeitsplatz, auf Reisen, wenn Sie eine Zeitung lesen, Fernsehen).
- Suchen Sie Anwendungsmöglichkeiten für das, was Sie hören, lesen und sehen.
- Finden Sie selbst an uninteressanten Fächern etwas Interessantes, indem Sie nach jeder Schulstunde mindestens einen interessanten Punkt notieren.
- Seien Sie neugierig, und fragen Sie öfter: Warum ist das so? Wozu kann man das gebrauchen? Fragen Sie auch eine interessierte Person, warum sie sich für etwas interessiert. Suchen Sie gemeinsam mit anderen danach, was Sie an einem Thema interessieren könnte. Diskutieren Sie mit Ihren Kolleginnen und Kollegen oder in der Familie auch einmal ein fachliches Problem (z. B. über etwas, das Sie eben in der Schule behandelt haben).
- Lassen Sie sich von der Begeisterung anderer anstecken.

1 Sich motivieren

4 Sich positiv einstellen und positiv denken

Mit positiven Gedanken und Handlungen kann man sich selbst gezielt für eine Arbeit motivieren.

- Fragen Sie sich, ob Sie einem Lerngegenstand gegenüber positiv eingestellt sind.
- Werden Sie sich Ihrer Unlust bewusst. Überlegen Sie, was Sie lieber tun würden, und sprechen Sie Ihre Unlust oder ein Unbehagen aus. Indem Sie solche negativen Gefühle zulassen, bauen Sie bereits Barrieren ab.

- Denken und handeln Sie positiv:
  - Ändern Sie Ihre Körperhaltung, lächeln Sie, setzen Sie sich gerade hin und reden Sie sich aufmunternd zu.
  - Fällen Sie keine vorschnellen negativen Urteile, sondern geben Sie dem Fach oder der Aufgabe mindestens eine Chance. Sagen Sie sich, dass in jedem Fach auch etwas Interessantes zu finden ist und sich die Lehrpersonen auch um Ihren Lernerfolg bemühen.
  - Erinnern Sie sich an ein ähnliches Beispiel von früher, als Sie zuerst ein Thema uninteressant fanden, sich dann aber doch noch dafür begeistern konnten. Wie kam es damals zu dieser Entwicklung?
  - Erledigen Sie Aufgaben rechtzeitig oder machen Sie auch einmal etwas früher als verlangt. Versprechen Sie jemandem, eine Lernaufgabe bis zu einem bestimmten Zeitpunkt zu erledigen. Wagen Sie sich an eine Aufgabe heran.
  - Positiv denken und handeln heisst aber auch, dass Sie sich auch fordern sollen. Geben Sie nicht sofort auf. Reden Sie sich keine Entschuldigungen ein, dass Sie etwas uninteressant finden oder nicht erledigen.

1 Sich motivieren

Arbeitsvorschläge

1.1 Setzen Sie sich ein Ziel für eine Hausaufgabe, die Sie erst in zwei Wochen erledigt haben müssen, und unterteilen Sie dieses Ziel in kurzfristigere Ziele oder Schritte (was? bis wann?).

1.2 Planen Sie zu einer umfangreicheren, komplexeren Hausaufgabe die einzelnen Schritte und überlegen Sie sich mögliche Schwierigkeiten und Massnahmen (Kopiervorlage im Anhang).

1.3 Notieren Sie Ideen, wie Sie sich belohnen können, tun Sie es dann auch entsprechend und überlegen Sie sich, wie Sie sich danach fühlen. Halten Sie dies auf einem selbst entworfenen Protokoll fest.

1.4 Stellen Sie sich ein konkretes Thema in einem Schulfach vor, das Sie im Moment nicht so mögen. Suchen Sie drei Argumente, weshalb Sie dieses Thema doch interessieren könnte.

1.5 Sprechen Sie mit Ihren Klassenkameraden und -kameradinnen über das, was Ihnen im Unterricht oder am Arbeitsplatz nicht gefällt, und suchen Sie zu jedem negativen Punkt auch ein positives Gegenbeispiel.

1.6 a) Beurteilen Sie während einer Woche Ihren Motivationsstand in Schule und Freizeit, indem Sie die entsprechenden Teile des Stundenplans bzw. der Agenda rot (= wenig motiviert), gelb (= neutral) oder grün (= sehr motiviert) ausmalen.
- Stellen Sie in Bezug auf Ihre Motivation in der Schule Trends fest? Gibt es z.B. Zeiten, Fächer usw., bei denen Ihre Motivation hoch bzw. tief ist?
- Stellen Sie in Bezug auf Ihre Motivation am Arbeitsplatz Trends fest? Gibt es z.B. Zeiten, Arbeiten usw., bei denen Ihre Motivation hoch bzw. tief ist?
- Stellen Sie in Bezug auf Ihre Motivation in der Freizeit Trends fest? Gibt es z.B. Zeiten, Tätigkeiten usw., bei denen Ihre Motivation hoch bzw. tief ist?
- Vergleichen Sie die gemachten Feststellungen. Inwiefern gibt es Gemeinsamkeiten, inwiefern Unterschiede?
- Nehmen Sie 1-2 Situationen aus der vergangenen Woche, bei denen Sie sehr motiviert bzw. überhaupt nicht motiviert waren. Überlegen Sie sich, welches die Ursachen dafür waren.
- Versuchen Sie, Ihre Erkenntnisse zu verallgemeinern. Unter welchen Voraussetzungen sind Sie motiviert bzw. nicht motiviert?

b) Stellen Sie sich verschiedene Situationen vor, in denen Sie wenig bzw. gar nicht motiviert waren. Wie sind Sie vorgegangen, damit Sie die Tätigkeit trotzdem aus- geführt haben?

c) Nehmen Sie Ihren ausgemalten Stundenplan bzw. die Agenda und überlegen Sie sich in Bezug auf zwei Situationen, in denen Sie wenig motiviert sind, Motivationsstrategien, welche Sie in der nächsten Zeit umsetzen möchten.

Selbstkontrolle → Leitfragen S. 11

2 Mit der Zeit umgehen

Worum geht es?

Sie haben wohl auch schon gedacht: «Ich hätte es ja eigentlich schon gekonnt, aber ich hatte zu wenig Zeit, um es gründlich zu lernen.» Zeit ist für Sie als Schülerin oder Schüler ein knappes Gut, mit dem Sie haushälterisch umgehen sollten. Zeit ist aber auch ein Schlüssel zum Lernerfolg, denn dieser hängt ganz wesentlich davon ab, wie viel Zeit Sie für das Lernen einsetzen und wie intensiv Sie die Zeit nutzen. Deshalb lohnt es sich, die Zeit richtig einzuteilen und mit Zeitplänen zu arbeiten. Zeitpläne zu erstellen kostet zwar auch Zeit. Wenn Sie das Planen aber nicht übertreiben, sondern situationsgerecht und auf Sie persönlich abgestimmt vorgehen, gewinnen Sie letztlich Zeit. Der angemessene Umgang mit der Zeit gibt Ihnen mehr Sicherheit beim Lernen. Die folgenden Strategien sollen Ihnen dabei helfen.

Lernstrategien

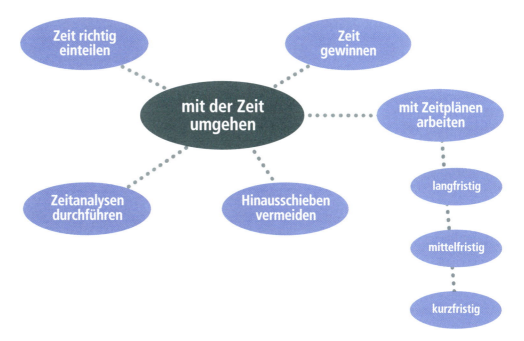

1 Zeit richtig einteilen und regelmässig nutzen

Mit einer guten Zeiteinteilung erleichtern Sie sich die Arbeit wesentlich.

Gleich bleibende Lernzeiten

Halten Sie möglichst gleich bleibende Lernzeiten ein:
- Gewöhnen Sie sich an feste Arbeitszeiten fürs Lernen ausserhalb der Schule. Dabei können Sie auch, soweit dies die Umstände zulassen, berücksichtigen, zu welchen Tages- bzw. Nachtzeiten Sie am produk-

2 Mit der Zeit umgehen

tivsten lernen. Seien Sie aber sehr selbstkritisch, wenn Sie sich Ihre Leistungskurve vorstellen. Fragen Sie sich beispielsweise, ob Sie sich nur einreden, Sie seien ein «Nachtmensch», weil Sie nicht gerne aufstehen, oder ob Sie wirklich die Erfahrung machen, dass Sie sich zu Abend- und Nachtstunden am besten konzentrieren können. Soweit Sie selbst entscheiden können, sollten Sie zu Tageszeiten, an denen Sie sich nicht so leistungsfähig fühlen (für viele trifft dies unmittelbar nach dem Mittagessen zu), Routinearbeiten, intellektuell weniger anspruchsvolle Aufgaben oder Arbeiten erledigen, bei denen Sie sich bewegen müssen. Jene Aufgaben hingegen, die höchste Konzentration erfordern, sollten Sie zu Ihren «besten» Tageszeiten bewältigen.

■ Vermeiden Sie unregelmässige Ballungen soweit wie möglich, indem Sie den Stoff von Unterrichtsstunde zu Unterrichtsstunde repetieren, die Hausaufgaben regelmässig machen und die Prüfungsvorbereitung auf mehrere Tage verteilen. Wenn aufgrund des Ausbleibens von Prüfungen und grösseren Arbeiten einmal «flauere» Zeiten herrschen, so lassen Sie diese ruhig zu, gewähren Sie sich aber auch nicht zu viele «Ruhephasen».

Kein Lernmarathon Machen Sie vernünftige Unterbrüche und Pausen.

■ Schalten Sie bei längerem Lernen (z. B. halbe oder ganze Tage) stündlich eine Kurzpause von fünf bis zehn Minuten und nach zwei Stunden eine Erfrischungspause von etwa 20 Minuten ein.

■ Wenn Sie Konzentrationsprobleme feststellen, schalten Sie überdies etwa halbstündlich eine fünfminütige Minipause ein. Hie und da brauchen Sie dazwischen sogar eine ganz kurze Verschnaufpause (eine Minute oder weniger). Verlassen Sie dabei den Arbeitsplatz nicht, sondern schauen Sie kurz aus dem Fenster, und strecken Sie sich.

■ Bevor Sie eine Erfrischungspause beginnen, halten Sie in Gedanken oder schriftlich fest, was Sie eben gemacht haben, wann Sie wieder an die Arbeit gehen und was Sie nach der Pause machen werden.

■ Gönnen Sie sich über längere Arbeitsphasen hinweg Unterbrüche für private Bedürfnisse (Erholung, Hobbys, Ferien usw.).

2 Zeit gewinnen

Zeit ist ein Gut, das sich nicht vermehren lässt. Und doch können Sie mit einer guten Planung Zeit «gewinnen»:

Genügend Zeit einsetzen Wenden Sie genügend Zeit auf, um Ihre Ziele zu erreichen. Schätzen Sie den Zeitbedarf also möglichst realistisch ein und seien Sie auch bereit, die geschätzte Zeit wirklich aufzuwenden. Gewähren Sie sich aber nicht für jede Arbeit beliebig viel Zeit, sondern setzen Sie sich bestimmte Termine und Grenzen. Sie müssen individuell erkunden, wie viel selbst erzeugter Druck nötig ist.

Leerzeiten Nutzen Sie «Leerzeiten» (z. B. Zwischenstunden in der Schule, Fahrt mit der Bahn) und kombinieren Sie tägliche Routinen (z. B. Rasieren, Haare trocknen) mit Lernen (auch Nachdenken kann Lernen sein!).

Eins nach dem anderen Tun Sie eins nach dem andern, verzetteln Sie sich nicht mit unnötigen Aktivitäten, aber wechseln Sie in Ihren Arbeiten/Fächern ab (z. B. nicht drei Sprachen hintereinander, sondern mit andern Fächern abwechseln). Ein Wechsel des Themas kann auch dann sinnvoll sein, wenn Sie trotz intensiven Arbeitens bei einem Problem stecken bleiben.

Prioritäten Setzen Sie Prioritäten und konzentrieren Sie Ihre Kräfte. Oft werden Sie vor lauter Aufgaben, die Sie erledigen sollten, und andern Aktivitäten, denen Sie auch gerne nachgehen möchten, nicht wissen, wo Sie beginnen sollen. Fragen Sie sich deshalb:

- Was muss ich wirklich tun und was ist nur wünschenswert?
- Was will ich wirklich tun?
- Worauf kann ich am ehesten verzichten, ohne die Erreichung der Ziele zu gefährden?
- Worauf muss ich verzichten?
- Wie viel Zeit will ich höchstens investieren?
- Was muss ich zuerst erledigen, was kann noch länger warten, was kann ich sogar in den «Papierkorb» werfen?

Unterbewusstsein Auch das Unterbewusstsein lässt sich nutzen. So können sich wertvolle Ideen und Einsichten einstellen, obwohl Sie sich im Moment gar nicht bewusst damit beschäftigen, so beispielsweise während Sie Sport treiben, Musik hören oder sogar schlafen (d. h. eigentlich während des Einschlafens und Aufwachens). Solche Gedanken sollten bei der erstbesten Gelegenheit notiert werden, damit sie nicht gleich wieder verloren gehen.

2 Mit der Zeit umgehen

3 Mit Zeitplänen arbeiten

Wenn Sie das Ziel, das Sie erreichen wollen oder müssen, definiert haben, sollten Sie die zur Verfügung stehende Zeit mittels Zeitplänen einteilen.

Im Folgenden lernen Sie verschiedene Arten von Zeitplänen kennen. Probieren Sie immer wieder aus, wie detailliert Ihre Zeitpläne sein müssen. Je nach Situation (z. B. normale Schulwoche ohne Prüfungen, zwei Schultage und drei Tage im Lehrbetrieb, Prüfungsvorbereitungen während der Ferien) und persönlichen Gewohnheiten (z. B. Neigung zum «In-den-Tag-Hineinleben») sind unterschiedlich differenzierte Zeitpläne sinnvoll. Ebenso schwankt der Zeitaufwand für das Erstellen der Pläne beträchtlich. Halten Sie sich immer Folgendes vor Augen:

- Die Arbeit mit Zeitplänen erfordert eine gewisse Selbstdisziplin. Zeitplanung heisst aber nicht einfach, viele Formulare auszufüllen, sondern ist Ausdruck einer Denkhaltung, die bemüht ist, mit der Zeit haushälterisch umzugehen. Wesentlich sind also die Überlegungen, die beim Aufstellen von Zeitplänen gemacht werden.
- Es ist zwar unabdingbar, mit der Zeit konsequent umzugehen, bleiben Sie aber auch beweglich. Kaum ein Plan lässt sich wie vorgesehen umsetzen.

Allgemeine Empfehlungen

Mit Zeitplänen arbeiten heisst erstens, ein Zeitbudget und darauf aufbauend einen eigentlichen Zeitplan, oft in Form einer Agenda, zu erstellen, und zweitens zu kontrollieren, ob der Plan auch eingehalten wird, und ihn wenn nötig anzupassen. Ob Sie nun die Zeit für eine ganz normale Schulwoche einteilen, über eine längere Zeit hinweg begleitend an einem Projekt arbeiten oder eine grosse Abschlussprüfung vorbereiten, immer ist das Vorgehen ähnlich.

- Erstellen Sie ein **Zeitbudget** und einen **Zeitplan.** Stellen Sie dazu folgende Überlegungen an:
  - Welche Ziele will ich erreichen (vgl. 1 «Sich motivieren»)?
  - Welche Arbeiten (Tätigkeiten) will bzw. muss ich ausführen, um ein Ziel zu erreichen?
  - Welche Zeitvorgaben (Restriktionen) muss ich berücksichtigen (welche Termine habe ich zu berücksichtigen, wann muss eine Arbeit erledigt sein, wie sieht der wöchentliche Schulstundenplan aus)?
  - Wie viel Zeit muss bzw. will ich dafür vorsehen (Sollzeit)? Oft fällt es schwer, die Zeit zu schätzen, die man für eine Arbeit brauchen wird, weil man die Arbeit noch nicht in allen Einzelheiten kennt und den Umfang, die Bedeutung und den Schwierigkeitsgrad schwer abschätzen kann. Sehen Sie deshalb genügend Zeit für Unvorhergesehenes vor. Überfüllen Sie Ihren Plan (z. B. für die nächstfolgende Woche) nicht von Anfang an, sondern sehen Sie auch Zeit für Arbeiten und Aktivitäten vor, von denen Sie zum Zeitpunkt der Planung noch gar keine Ahnung haben. Diese Reserve muss umso grösser sein, je weniger genau Sie im Voraus wissen, was alles an Arbeiten auf Sie zukom-

2 Mit der Zeit umgehen

men wird. Das ist z. B. für die Lehrabschluss- oder Maturitätsprüfung der Fall. Schlagen Sie im Zeitbudget 30–50 % zur ersten Zeitschätzung dazu, wenn Sie nicht von Anfang an sehr vorsichtig geschätzt haben. Dabei sollte die geschätzte Reserve umso grösser sein, je weniger Erfahrungen Sie mit ähnlichen Arbeiten haben.
– Wann muss bzw. kann oder will ich die Arbeiten und dazugehörige Teilarbeiten erledigen, d. h. wie sollen die Arbeiten über eine bestimmte Zeitperiode verteilt werden?

Wenn Sie die Arbeit über eine bestimmte, längere Zeit verteilen (also z. B. beim Verfassen eines Hausaufsatzes, Lektüre eines umfangreicheren Textes), dann werden Sie sich oft fragen, ob Sie so lange daran arbeiten sollen, bis Sie mit der Arbeit fertig sind, oder ob Sie fixe Zeitblöcke vorsehen sollen, unabhängig davon, wie weit Sie kommen. Im Idealfall und bei grösserer Erfahrung werden Sie inhaltlich und zeitlich angemessene Portionen bilden. Oft werden Sie eine Arbeit aber erst dann wieder fortsetzen, wenn Sie dafür Zeit vorgesehen haben. Sonst besteht die Gefahr, dass Sie andere Arbeiten gar nie in Angriff nehmen oder Ihre Motivation und Konzentration abnehmen. Wenn Sie allerdings spüren, dass Sie gerade sehr produktiv an einer Arbeit sind, dann ist es durchaus sinnvoll, noch etwas länger daran zu bleiben.

■ **Einhaltung kontrollieren** und **Zeitplan anpassen:** Einen Plan stellt man aber nicht einfach auf und verändert ihn dann nicht mehr. Vielmehr sollten Sie laufend kontrollieren, wieweit es Ihnen möglich ist, den Plan einzuhalten. Sehr oft werden Sie Ihren Plan auch anpassen

2 Mit der Zeit umgehen

müssen. Fragen Sie sich also begleitend zu Ihren Arbeiten und auch nach deren Abschluss situationsgerecht:

- Welche Arbeiten muss ich zusätzlich ausführen, welche Arbeiten fallen weg und welche zeitlichen Konsequenzen ergeben sich daraus?
- Wie viel Zeit brauche ich für die vorgesehenen Arbeiten wirklich (Ist-Zeit)? Muss ich das Zeitbudget straffen oder ausweiten und die Agenda entsprechend anpassen (z. B. Zeit für einzelne Arbeiten kürzen, mehr Zeit einplanen, Termine verschieben, Prioritäten anders setzen und Arbeiten ausfallen lassen)? Warum habe ich den Zeitplan überschritten (Habe ich mich wirklich verschätzt oder nur gebummelt?)? Oder – was hie und da auch passieren kann – habe ich das Zeitbudget sogar unterschritten und was mache ich mit der gewonnenen Zeit (z. B. andere Arbeiten vorziehen, die gewonnene Freizeit geniessen)?
- Im Hinblick auf die Planung künftiger Arbeiten und um eine gewisse Regelmässigkeit im Arbeiten sicherzustellen, fragen Sie sich periodisch (z. B. wöchentlich) und nach Abschluss einer grösseren Arbeit, wie viel Zeit Sie insgesamt gebraucht haben.

Langfristige Planung

Langfristig planen sollten Sie ein erstes Mal vor und zu Beginn Ihrer Ausbildung. Im Laufe der Ausbildung werden Sie diesen Plan anpassen müssen, wenn Sie neue Entscheidungen treffen müssen oder wenn sich der Verlauf der Ausbildung verzögert. Überlegen Sie sich etwa:

- Wie ist meine Ausbildung zeitlich und inhaltlich aufgebaut?
- Wann muss ich welche Wahlentscheidungen (z. B. Wahlfächer, Freifächer) treffen?
- Welche Prüfungen sind wann abzulegen?
- Wie und wann sind Praktika, Austauschprogramme, Fremdsprachenaufenthalte usw. einzubauen bzw. möglich?
- Sofern ich grössere persönliche Aktivitäten plane, wie kann ich diese neben der zeitlichen Belastung durch die Ausbildung realisieren?

Mittelfristige Planung

Auch wenn Sie im Schulalltag vorwiegend kurzfristig, d. h. von Woche zu Woche planen werden, sollten Sie periodisch auch Überlegungen über eine längere Zeit hinweg anstellen, d. h. mittelfristig planen. Dies empfiehlt sich besonders in folgenden Situationen:

- zu Beginn eines Schulquartals oder -semesters,
- wenn mittelfristig eine Grossprüfung (Lehrabschluss-, Diplom- oder Maturitätsprüfung) bevorsteht und Sie rechtzeitig mit der Vorbereitung beginnen wollen,
- wenn Sie über längere Zeit (meistens neben dem üblichen Schulbetrieb) an einem Projekt arbeiten müssen (Facharbeit, Maturaarbeit).

Fragen Sie sich situationsgerecht zur mittelfristigen Planung Folgendes:

Unterricht bzw. Betrieb
Wie ist das Semester eingeteilt (Unterricht, Projektwochen, Praktika, Ferien usw.)? Wie sieht der wöchentliche Stundenplan aus (wann welche Fächer und Lektionen, Zwischenstunden, freie Halbtage usw.)? Wie viel Zeit werde ich durchschnittlich pro Woche pro Fach über den Unterricht hinaus noch brauchen (normale Hausaufgaben)? Für Lehrlinge überdies: Wann arbeite ich im Betrieb?

Daraus ergibt sich für ein ganzes Semester bereits ein wöchentlicher Minimalplan. Er zeigt, wie viel Zeit bereits gebunden ist und wie viel an übrigen Aktivitäten unter Berücksichtigung einer gewissen Maximalarbeitszeit noch möglich ist.

Projekte
An welchen grösseren Projekten habe ich neben dem schulischen bzw. betrieblichen Normalbetrieb zu arbeiten? Wie viel Zeit (in Stunden geschätzt) brauche ich dafür unter Berücksichtigung zeitlicher Restriktionen? Wann müssen diese Arbeiten abgeschlossen sein bzw. welche Termine setze ich mir selbst? Wie verteile ich die Arbeiten bzw. Teilschritte grob über die Monate bzw. Wochen?

Prüfungen
Wie viele Prüfungen werden in den einzelnen Fächern während des Semesters stattfinden. Sind die Daten dafür schon bekannt (bitten Sie die Lehrperson um frühzeitige Bekanntgabe)? Wann ist Notenabgabe?
Und wenn eine grosse Prüfung ansteht: Aus welchen einzelnen Prüfungen besteht die Gesamtprüfung? Wann finden diese Prüfungen statt? Welches ist – grob gesagt – der Prüfungsstoff, und was muss ich zur Prüfungsvorbereitung in jedem Fach tun (z.B. Lektüre und Zusammenfassung, wiederholen und üben, kontrollieren)? Wie viel Zeit muss bzw. will ich für jedes Fach vorsehen – unter Berücksichtigung zeitlicher Restriktionen? Wie verteile ich – grob betrachtet – die Prüfungsvorbereitung in den einzelnen Fächern über das Schulsemester und die unterrichtsfreie Zeit?

ausserschulische/ausserbetriebliche Aktivitäten
Welche Aktivitäten (z.B. Nebenerwerb, Musikstunden, Sportklub, Reisen) kann bzw. will ich wann vorsehen? Muss ich Aktivitäten kürzen, verschieben oder wegfallen lassen?

Ob und gegebenenfalls wie Sie einen mittelfristigen Plan schriftlich festhalten, wird situativ und individuell verschieden sein. Er sollte aber sinngemäss folgende Elemente enthalten: Aktivitäten, Zeitbedarf, Verteilung der Aktivitäten auf Monate und Wochen mit entsprechendem Zeitbedarf, wichtige laufende Anpassungen inhaltlicher und zeitlicher Art. Im Übrigen gelten die allgemeinen Empfehlungen zur Zeitplanung. Als Anregung dienen das folgende Beispiel und die Kopiervorlagen.

Zeitbudget für die Vorbereitung einer Abschlussprüfung

Zeit Total verfügbar/geplant ca. ~250 Std.

Fach	Tätigkeiten (z.B. Lektüre, Zusammenfassungen, Repetitionen, Übungen)	Anteile %	Bedarf h	gebraucht h	Anpassung
Latein	Wörter täglich repetieren	10	7	7	
	Grammatik repetieren		4	6	
	Übersetzungen		10	12	
	geschichtliche Hintergründe		4	5	
Deutsch	Alle Epochen studieren	20	20	20	
	behandelte Werke		18	23	→ Ferientage!
	neue Werke		12	20	
Englisch	Wörter täglich repetieren	10	7	8	
	Grammatik repetieren		8	10	→ Ferientage!
	Übersetzungen		8	10	
	Werke repetieren		2	5	
Franz.	Wörter repetieren	20	7	9	
	Grammatik repetieren		} 15	18	
	Übersetzungen				
	behandelte Werke		10	9	
	neue Werke		18	25	→ Ferientage!
Geschichte	Industrialisierung	15	5	5	
	Imperialismus/1. WK		15	18	
	China		12,5	15	
	Aussen-/Sicherheitspolitik		5	5	
Mathe	Alles repetieren	25	35	40	
	Übungen		20	30	→ an Wochenenden!
	alle Maturaaufgaben		7	10	

Mehrwochenplan für die Vorbereitung einer Abschlussprüfung

Fach	Woche 1	Woche 2	Woche 3	Woche 4	Woche 5
Latein	Wörter repetieren (täglich)	Grammatik repetieren	Wörter repetieren (täglich)		Wörter repetieren (täglich)
Geschichte	Grosszusfassung			Industrialisierung	Imperialism.
Englisch	Grammatik Lektion 1-8	Wörter (1/3) repetieren (täglich)		Wörter (1/3) repetieren (täglich)	
Deutsch		Sprachgeschichte	behandelte Werke repetieren	behandelte Werke repetieren	
Mathe		Algebra 1. Heft repetieren	2. Heft	2./3. Heft	

daraus Wochenpläne erstellen (Hausaufgabenheft /Agenda)

2 Mit der Zeit umgehen

Kurzfristige Planung Innerhalb des mittelfristigen Rahmens wird Ihr Schulalltag durch kurzfristige Entscheidungen geprägt: **Was** müssen bzw. wollen Sie **wann,** Woche für Woche und Tag für Tag tun? Sich dies laufend zu überlegen macht das Lernen zielgerichteter und verschafft Ihnen mehr Sicherheit.

Fragen Sie sich situationsgerecht zur kurzfristigen Planung Folgendes:

Generell
Wie bringe ich in meinen Zeitplan eine gewisse Regelmässigkeit hinein und nutze grössere Leerzeiten (z. B. Zwischenstunden) effizient? Nutze ich auch unterrichtsfreie Zeit gezielt für schulbezogene und andere Aktivitäten?

Unterricht
Weicht der Stundenplan der nächsten Woche vom Normalfall ab (z. B. Unterrichtsausfall)? Was habe ich in jedem Fach in den nächsten Tagen an Hausaufgaben zu erledigen, vor- und nachzubereiten? Wie viel Zeit brauche ich dafür? Wann erledige ich dies?

Aufträge/Projekte
An welchen Aufträgen und Projekten muss bzw. will ich während der nächsten Tage arbeiten? Was konkret habe ich zu tun (z. B. Literatursuche, Fallbearbeitung in der Gruppe)? Was habe ich abzuliefern? Wie viele Stunden kann bzw. will ich dafür einsetzen und wann arbeite ich daran? Wie kann ich ergiebige Zeitblöcke bilden?

Prüfungen
Welche Prüfungen habe ich in den nächsten Tagen? Was bereite ich wann vor? Wie viel Zeit setze ich dafür ein?
Und wenn ich mich auf eine grosse Prüfung vorbereite: Was will ich gemäss mittelfristiger Planung in der nächsten Woche in welchen Fächern tun? Wie viel Zeit sehe ich dafür vor? An welchen Tagen und zu welchen Tageszeiten arbeite ich dafür? Wie koordiniere ich dies mit den «normalen» Aktivitäten in Schule bzw. Betrieb?

Ausserschulische/ausserbetriebliche Aktivitäten
Welche Aktivitäten will bzw. muss ich an welchen Tagen und zu welchen Tageszeiten vorsehen (z. B. Sport, Ausgang, Job, Einkauf, persönlicher Unterhalt)? Wie viel Zeit kann ich mir neben den schulischen bzw. betrieblichen Pflichten dafür leisten? Verliere ich nicht unnötig Zeit durch zu viele Aktivitäten?

Im Übrigen gelten die allgemeinen Empfehlungen zur Zeitplanung.

Empfehlenswert ist es, den **kurzfristigen Zeitplan schriftlich** festzuhalten, besonders sobald verschiedene Aktivitäten nebeneinander ablaufen, und das ist für Lehrlinge und Mittelschüler in der Regel der Fall. In Frage dafür kommen das übliche Hausaufgabenheft oder eine eigentliche Agenda.

2 Mit der Zeit umgehen

- Das **Hausaufgabenheft** (siehe Beispiel und die Kopiervorlage im Anhang) unterteilen Sie mit Vorteil in drei Kolonnen:
  - «erledigen bis heute»: Gleich wenn die Hausaufgabe erteilt wird, tragen Sie hier ein, an welchem Tag diese fällig ist. Ebenso tragen Sie ein, wann eine Prüfung stattfindet und wann Sie ein Projekt abgeschlossen haben müssen bzw. einen wichtigen Teilschritt abschliessen wollen.
  - «machen»: Sie tragen eine Arbeit (normale Hausaufgabe, Prüfungsvorbereitung, Projekt) an dem Tag ein, an welchem Sie diese erledigen, oder Sie tragen Teilschritte ein, wenn Sie die Arbeit auf mehrere Tage verteilen wollen. Ergeben sich Verschiebungen, weil Sie den Plan nicht einhalten können, führen Sie diese nach.
  - «t»: geplanter Zeitumfang in Minuten oder Stunden.

  Die üblichen Hausaufgabenhefte enthalten im Gegensatz zu Agenden für Geschäftsleute keine differenzierten Zeiteinteilungen. Dies ist auch für viele Fälle zweckmässig, da zahlreiche Stunden pro Woche durch Unterricht in der Schule oder Ausbildung am Arbeitsplatz fixiert sind und die stundenweise Verteilung der Aufgaben sozusagen im Kopf stattfindet. Sobald aber mehrere ausserschulische Aktivitäten zusätzlich zu berücksichtigen sind, verschiedene Termine am Arbeitsplatz einzuhalten sind oder eine unterrichtsfreie Woche für die Vorbereitung einer Prüfung zu planen ist, kann es sinnvoller sein, eine eigentliche Agenda zu führen.

- In einer **Agenda** (siehe Beispiel und Kopiervorlage im Anhang) können Sie zwei Dinge miteinander verbinden: das Hausaufgabenheft mit den Rubriken «erledigen bis heute», «machen» und «t» einerseits, die zeitliche Verteilung der Tätigkeiten über Tage und Stunden anderseits. Bei Verschiebungen und Ergänzungen passen Sie auch diesen Plan an. Sofern Sie auf die Rubriken «erledigt haben bis» und «machen» verzichten, haben Sie eine ganz gewöhnliche Agenda mit Tages- und Stundeneinteilung vor sich. Zu empfehlen ist, in der Agenda auch die ausserschulischen Aktivitäten einzutragen.

- Für **Hausaufgabenheft** wie **Agenda** ist zu empfehlen: Führen Sie diese täglich nach, verschaffen Sie sich mindestens einmal wöchentlich einen Überblick über die folgende Woche und tragen Sie bereits für die ganze Woche ein, was sich bereits fixieren lässt. Streichen Sie Erledigtes ab, übertragen Sie Unerledigtes auf einen realistischen Zeitpunkt, fügen Sie Unvorhergesehenes ein, streichen Sie, was Sie nie mehr erledigen werden. Notieren Sie (für grössere Arbeiten), wie viel Zeit Sie dafür gebraucht haben, vergleichen Sie diese mit der geplanten Zeit und fragen Sie sich, warum es zu Abweichungen gekommen ist. Überlegen Sie, wie Sie grosse Verzögerungen aufholen wollen. Oft brauchen Sie für all diese Überlegungen zusätzliche Blätter.

Als Anregung zur kurzfristigen Zeitplanung dienen die folgenden Beispiele.

Hausaufgabenheft

Woche vom bis

	✓ erledigen bis heute	✋ machen	😊 t
MO		· Latein Übers. repet.	0,5 h
		· Franz. Grammatik + Über- setzungen (Klausur!)	1,5
		· Chemie repetieren (Klausur!)	1,5
DI	· Latein Übers. repet. nicht dazu- gekommen ↳ Mittwoch	· Mathe (Theorie + Aufgaben)	1
		· Franz. Gramm. + Übersetz.	1,5
		· Latein Wörter repet.	1
		· Chemie repetieren	2
MI	⇒ Französischklausur (Gramm., Übersetzungen)	· Physikaufgaben	1,5
		· Chemie repetieren	2
		· Lateinwörter repet.	1
		· Mathe	1
DO	Mathe (Theorie + Aufgaben) Physikaufgaben nicht ganz fertig → Freitag	· Latein Übers. repet.	0,5
		· Chemie repetieren	2
		· Lateinwörter repet.	1
		· Deutsch (Interpretation)	1,5
FR	Latein Übers. repet. ⇒ Chemieklausur	· Lateinwörter repet.	0,5
		· Latein Texte repet. (Klausur!)	2
		· Physik	1
SA **SO**	Deutsch (Interpretation) Physik Theorie + Aufgaben ⇒ Lateinklausur Montag!	· Latein Texte repet. (Klausur!)	2
		· Franz. lesen	1

Agenda Wochenplan mit Stundeneinteilung

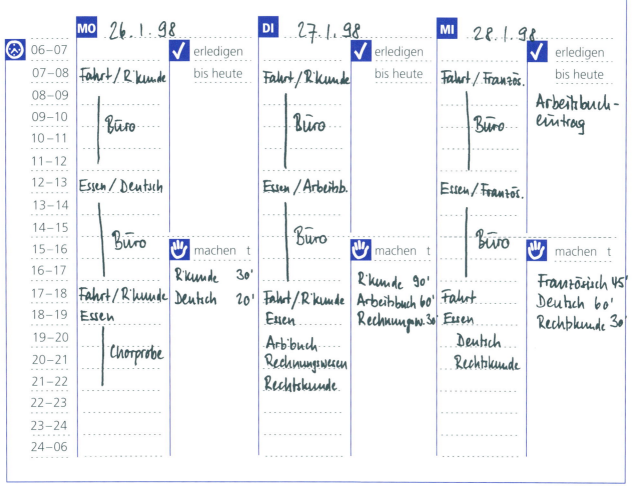

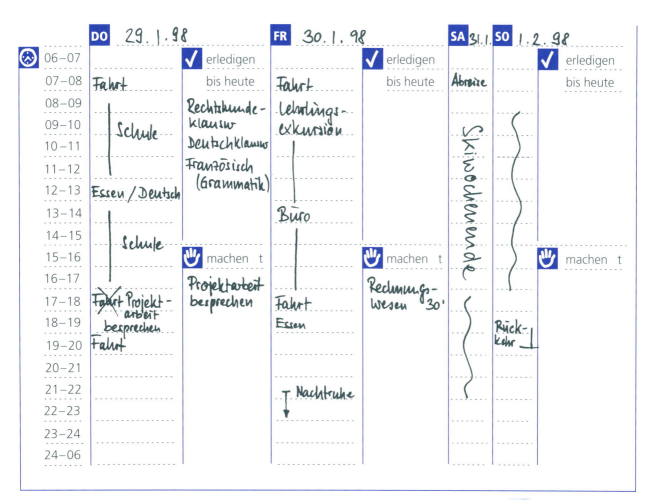

… 2 Mit der Zeit umgehen

4 Unnötiges Hinausschieben von Arbeiten vermeiden

Viele Lerner und Lernerinnen haben immer wieder Mühe, rechtzeitig mit einer Arbeit zu beginnen. Sie schieben das Unangenehme ständig vor sich her und können sich nicht entschliessen, die Arbeit in Angriff zu nehmen. Schliesslich müssen Sie sie dann im letzten Moment erledigen und geraten in Zeitnot. Kommt dann noch Unvorhergesehenes dazu, leidet oft die Qualität der Arbeit oder es werden wichtige Termine überhaupt verpasst. Was lässt sich dagegen tun? Die erste Hürde nehmen Sie schon, indem Sie konsequent einen Zeitplan erstellen. Vielen fällt es aber schwer, auch die zweite Hürde zu nehmen, nämlich sich auch an den Zeitplan zu halten. Beachten Sie in diesem Fall folgende Empfehlungen.

Gründe suchen Stellen Sie sich selbstkritisch folgende Fragen, warum Sie etwas immer wieder hinausschieben: Ist es mangelndes Interesse für ein bestimmtes Fach? Ist es eine allgemeine Unlust zu arbeiten? Habe ich zu wenig Energie, weil ich zu wenig schlafe und mich falsch ernähre oder zu wenig bewege? Setze ich keine oder falsche Prioritäten? Fehlen mir fachliche Voraussetzungen? Fühle ich mich durch eine Aufgabe zu wenig herausgefordert oder finde ich eine Arbeit zu anspruchsvoll? Fürchte ich mich vor einem Misserfolg oder gar vor Erfolg?

Folgen überlegen Machen Sie sich bewusst, welches die Folgen für die mittel- und langfristige Planung sind, wenn Sie Dinge hinausschieben.

Arbeitsverhalten verbessern Da das Hinausschieben meistens etwas ist, was sozusagen im Kleineren täglich geschieht, sollten Sie Ihr tägliches Arbeitsverhalten verbessern.
- Beginnen Sie einfach mit der Arbeit, indem Sie sich sagen: «Ich arbeite mindestens zehn Minuten daran». Sie werden bemerken, dass Sie damit die Hemmschwelle bereits überwunden haben. Und wenn Sie etwas erfolgreich abgeschlossen haben, dann nützen Sie den Schwung gleich aus und packen die nächste Arbeit an.
- Machen Sie sich bewusst, wie nötig es wirklich ist, eine bestimmte Aufgabe gerade an jenem bestimmten Tag zu erledigen, und was passiert, wenn Sie es nicht tun. Überschätzen Sie den Umfang und die Bedeutung einer Aufgabe nicht und seien Sie wenn nötig auch flexibel. Verschieben Sie aber eine Arbeit nicht mehrere Male nacheinander.
- Gliedern Sie eine Arbeit in Teilaufgaben, setzen Sie sich Termine und kontrollieren Sie, ob Sie die Teilaufgaben auch erledigt haben.
- Packen Sie nicht gleich die schwierigste Aufgabe an, sondern beginnen Sie mit dem Leichteren oder Angenehmeren, bis Sie den Arbeitsrhythmus gefunden haben.
- Halten Sie schriftlich auf einem Zettel oder in der Agenda fest, was Sie erledigen müssen, und benützen Sie diese Notizen, um sich auf die zu erledigenden Arbeiten zu konzentrieren. Streichen Sie fortlaufend ab, was Sie erledigt haben. Setzen Sie wirklich Prioritäten, wenn Ihnen die Liste der zu erledigenden Dinge zu lange erscheint. Wenn Sie sehr vie-

len Dingen gleichzeitig erste Priorität einräumen, könnte das heissen, dass Sie die wirklich wichtigen Dinge hinausschieben.
- Versprechen Sie jemandem, mit der Arbeit zu beginnen oder ihm das Ergebnis bis zu einem bestimmten Termin abzugeben. Machen Sie dabei ab, dass keine Ausrede zugelassen ist. Machen Sie ab, mit jemandem die Lösungen zu besprechen.
- Erinnern Sie sich durch Hinweise (z. B. Zettel an der Zimmertüre) an das, was Sie noch erledigen müssen.
- Sprechen Sie Ihre Entschuldigungen dafür, warum Sie etwas hinausschieben, laut aus. Damit wird Ihnen oft bewusst, wie «fadenscheinig» eine Entschuldigung ist.
- Stellen Sie sich vor, wie angenehm es sein wird, wenn Sie etwas bewältigt haben werden.
- Belohnen Sie sich, nachdem Sie das erledigt haben, was Sie sich vorgenommen haben.
- Wenden Sie Strategien zur Konzentration an (s. 4 «Sich konzentrieren»).

5 Zeitanalysen durchführen

Oftmals ist es sinnvoll, sich zuerst selbstkritisch zu fragen, ob man mit der Zeit haushälterisch umgeht. Wenn Sie davon nicht überzeugt sind, dann führen Sie folgende Analyse durch:
- Führen Sie während ein bis zwei Wochen Buch über Ihre schulischen und privaten Tätigkeiten. Dabei fassen Sie den Zeitverbrauch nach verschiedenen Kategorien in Stunden zusammen (Kopiervorlagen im Anhang).
- Suchen Sie Ihre «Zeitverschwender», und fragen Sie sich, wer für diese «Zeitverschwender» verantwortlich ist. Anschliessend bestimmen Sie Gegenmassnahmen, um die grössten «Zeitverschwender» zu bekämpfen (vgl. Beispiel S. 34).

Zeitanalyse 3
Wofür verwendete ich

angemessen Zeit?	zu wenig Zeit?	zu viel Zeit?
Verpflegung, Schlaf, Haushalt, Aufräumen, Sport, Zeitung, in die Stadt gehen, Hausaufg.	Prüfungen vorbereiten	Transport etwa 7.5 Std. zu viel Ausgang, Faulenzen Besuche, TV

→ Zeitverschwender

Zeitanalyse 4
Massnahmen gegen die Zeitverschwender

Zeitverschwender	Rang	verursacht von mir	verursacht von aussen	Gegenmassnahmen geplant	durchgeführt/ nicht durchgeführt	Folgen
Transport	3	X		in der Stadt bleiben + lernen	geblieben, aber nicht gelernt	Rückstand beim Lernen
Ausgang	2	X		nur noch 1x pro Woche	✓	weniger müde mehr Zeit zum Lernen
Faulenzen	1	X		vor Einschlafen kurz Musik, sonst nur faulenzen, wenn nichts zu tun.	oft Unlust zum Lernen, deshalb doch gefaulenzt	Rückstand beim Lernen Hausaufgaben nicht gemacht Unsicherheit
				joggen statt faulenzen	✓	danach Konzentration ↗
TV	4	X		gezielt Sendungen auswählen	✓	Zeitgewinn
Besuche	5		X	sich früher zurückziehen	teilweise gemacht	gutes Gefühl

2 Mit der Zeit umgehen

Arbeitsvorschläge

2.1 Erfassen Sie über mehrere Tage Ihren Zeitaufwand für schulische Zwecke und vergleichen Sie diesen mit Mitschülerinnen und Mitschülern. Fragen Sie sich kritisch, ob Ihr Zeitplan in Ordnung ist oder ob Sie künftig den Zeitaufwand erhöhen sollten.

2.2 Führen Sie eine Zeitanalyse für ein bis zwei typische Wochen in der Schule bzw. Betrieb durch. Verwenden Sie dafür die Formulare «Zeitanalyse 1 bis 4» im Anhang.
- Zeitaufzeichnung: Was habe ich schulisch bzw. im Betrieb und privat gemacht?
- Zeitverbrauch: Wofür habe ich wie viele Stunden gebraucht?
- Zeitverschwender: Wofür habe ich zu viel Zeit verwendet?
- Massnahmen gegen die Zeitverschwender

Vergleichen Sie Ihre Zeitanalyse mit jener von Mitschülerinnen und Mitschülern. Erarbeiten Sie auch gemeinsam Massnahmen für den besseren Umgang mit der Zeit und kontrollieren Sie sich gegenseitig, ob Sie die Vorsätze auch einhalten.

2.3 Erstellen Sie gemeinsam mit einem Mitschüler das Zeitbudget für ein grösseres Projekt und unterbreiten Sie dieses Ihrem Fachlehrer zur Begutachtung.

2.4 Erstellen Sie einen Mehrwochenplan für die Vorbereitung einer grossen Schlussprüfung und besprechen Sie diesen mit einem Fachlehrer.

2.5 Führen Sie über mehrere Wochen eine «Agenda» und vergleichen Sie Ihre Erfahrungen damit, wie Sie bisher Ihr Hausaufgabenheft geführt haben.

Selbstkontrolle → Leitfragen S. 11

3 Sich konzentrieren

Worum geht es?

Ihr Arbeitsgedächtnis hat nur eine begrenzte Kapazität. Dass Sie nicht beliebig viele Dinge gleichzeitig wahrnehmen und verarbeiten können, darf Sie aber nicht beunruhigen. Das ist ganz normal. Wichtig ist nur, dass Sie aus dieser Tatsache die richtigen Konsequenzen ziehen: Wenn Sie etwas lernen wollen oder in einer Prüfung das Bestmögliche leisten wollen, dann müssen Sie Ihre Gedanken, Sinne und Gefühle auf das Wesentliche, also auf die gestellte Aufgabe konzentrieren können. Je schwieriger eine Lernaufgabe für Sie ist, umso aufmerksamer müssen Sie dabei sein. Allerdings gelingt Ihnen die Konzentration erst dann vollständig, wenn Sie gar nicht bewusst darauf achten, dass Sie konzentriert sind, sonst besteht ja die Gefahr, dass Sie sich bereits wieder ablenken lassen. Eine ungebrochene Konzentration zu erreichen, ohne dauernd darüber nachdenken zu müssen, ist das Ziel, das Sie letztlich erreichen sollten.

Nun gibt es aber eine Fülle von Störfaktoren in Ihrer Umgebung und in Ihnen selbst – vom Lärm bis zu Selbstzweifeln –, die Sie vom Wesentlichen ablenken. Daher brauchen Sie Strategien, um mit solchen Störfaktoren angemessen umgehen zu können. Je nachdem lassen Sie Störungen gar nicht erst aufkommen, beseitigen sie oder holen trotz Störungen das Bestmögliche heraus.

Lernstrategien

3 Sich konzentrieren

1 Mit Störungen umgehen: verhindern, wahrnehmen, vermindern, ausschalten, verdrängen

Zuerst müssen Sie abklären, ob Sie sich durch irgendetwas oder irgendjemanden beim Lernen ausserhalb wie innerhalb des Unterrichts gestört fühlen. Dabei sollten Sie erkennen, ob andere Sie stören oder ob Sie sich letztlich selbst am Lernen hindern. Haben Sie die Störung erkannt, dann fragen Sie sich, ob Sie diese Störung ausschalten, sie künftig verhindern, ihr ausweichen oder sie mindestens vorübergehend verdrängen können oder ob Sie damit leben müssen.

Ein paar Tipps sollen Ihnen helfen, mit äusseren und inneren Störungen umgehen zu lernen.

Äussere Störungen Sie können zwar nicht alle Störungen ausschalten, die von aussen kommen, sie können aber bewusst mit ihnen umgehen.

- Schalten Sie Lärmquellen und visuelle Ablenkungen aus oder arbeiten Sie zumindest möglichst weit davon entfernt. Bitten Sie Kameraden, die Sie im Unterricht durch «Schwatzen» stören, um Ruhe.
- Legen Sie alles für eine bestimmte Arbeit nötige Material in Griffnähe bereit, bevor Sie beginnen. Ansonsten besteht die Gefahr, dass der «Arbeitsfaden» dauernd reisst.
- Viel diskutiert ist die Frage, ob Musik das Lernen fördere. Entscheidend ist, dass die Musik Ihre Gedanken und Gefühle nicht auf sich lenken soll, denn Sie finden dann zwar vielleicht Gefallen an der Musik, verlieren dabei aber die Lernaufgabe aus den Augen. Je anspruchsvoller eine Lernaufgabe ist, umso eher sollten Sie die Musik ausschalten, damit Sie Ihre ganze Energie auf das Lernen konzentrieren können. Barocke oder klassische Musik kann Ihnen zum Einstieg ins Lernen, zur Entspannung oder beim Ausstieg aus dem eigentlichen Lernprozess dienlich sein. Ebenso kann eine Melodie helfen, dass Sie sich etwas Rhythmisches besser einprägen können (z. B. in einer Sprache) oder dass Sie innere Bilder entwickeln können. Abzuraten ist von jeglicher Art von Gesang. Auch das gesprochene Wort oder gar die Kombination von Bild und Ton können besonders stark ablenken. Also ist vor dem gleichzeitigen Mitverfolgen einer Fernsehsendung zu warnen, sobald Sie eine Aufgabe erledigen wollen, die Sie wirklich intensiv beansprucht.
- Kanalisieren Sie Besuche und Anrufe, wenn Sie intensiv am Lernen sind. Verabreden Sie Termine, halten Sie sich kurz und sagen Sie auch einmal nein.

3 Sich konzentrieren

Innere Störungen Für viele sind eigene Gedanken und Gefühle die eigentlichen «Störenfriede».

- Tragen Sie den körperlichen Bedürfnissen Rechnung, denn sonst werden Sie immer wieder vom Lernen abgelenkt. Sie sollten daher Ihre Grundbedürfnisse (z.B. Hunger, Schlaf) nach Möglichkeit befriedigen und länger andauernde Überlastung vermeiden.
- Machen Sie bewusst und regelmässig Pausen und unterbrechen Sie Ihre Arbeit auch dann, wenn Sie feststellen, dass es überhaupt nicht mehr weitergeht (s. auch 2 «Mit der Zeit umgehen»).
- Stoppen Sie Selbstzweifel, Sorgen, Tagträume, ungelöste emotionale Probleme oder verschieben Sie all dies auf später. Sagen Sie immer, wenn Sie innerlich etwas stört oder Sie versucht sind, in Gedanken abzuschweifen, bewusst: «Stopp, stopp, stopp – darüber denke ich nach, wenn ich dann Zeit habe; jetzt mache ich, was ich muss» und atmen Sie dabei ganz ruhig durch. Oder notieren Sie störende Gedanken (z.B. «Das sollte ich auch noch lesen, jenes müsste ich auch noch fragen, dies habe ich auch noch vergessen»), sobald sie auftauchen, so dass Sie sie sozusagen bewusst beiseite legen und dann bearbeiten können, wenn Sie dafür Zeit vorgesehen haben oder sich Zeit nehmen können. Für manche wird es schon ausreichen, auf einen Zettel jedes Mal ein Kreuz zu setzen, wenn sie feststellen, dass ihre Gedanken abschweifen. Schon das Setzen eines solchen Zeichens kann Sie daran hindern, den Gedanken weiter nachzuhängen. Auf diese Weise können Sie sich auch Ihre Konzentrationsschwankungen vor Augen führen.
- Führen Sie ein kurzes Selbstgespräch, wie z.B. «Ich beginne nun mit dieser Aufgabe und lasse mich nicht ablenken.».

3 Sich konzentrieren

- Machen Sie Konzentrations- und Entspannungsübungen, beispielsweise:
  - Schliessen Sie die Augen, atmen Sie ganz ruhig und fest durch, zählen Sie innerlich auf zehn und öffnen Sie die Augen wieder.
  - Schliessen Sie die Augen und stellen Sie sich Ihr Arbeitszimmer vor Ihrem inneren Auge vor.
  - Schauen Sie bewusst zum Fenster hinaus ins Grüne, zählen Sie auf zehn und wenden Sie nachher den Blick wieder auf den Text.
  - Entspannen Sie ganz kurz Ihren Körper, indem Sie Ihre Hände über dem Kopf verschränken. Strecken Sie die Arme nach oben und lassen Sie sie gestreckt wieder langsam seitwärts nach unten sinken.
  - Progressive Muskelentspannung: Dabei handelt es sich um eine Entspannungstechnik, die Sie ohne intensives Training auch selbständig erlernen können.

Progressive Muskelentspannung
1. Nehmen Sie eine bequeme Stellung ein, indem Sie sich hinsetzen oder hinlegen, und schliessen Sie die Augen.
2. Machen Sie mit der rechten Hand eine Faust und spannen Sie Ihren Vorderarm an. Halten Sie diese Position einige Sekunden und fühlen Sie die Spannung in Hand und Arm. Lösen Sie nun die Spannung allmählich und öffnen Sie die Faust. Machen Sie schrittweise dasselbe mit der linken Hand und fühlen den Unterschied zwischen angespanntem und entspanntem Arm.
3. Dasselbe, nämlich anspannen, anhalten und entspannen können Sie nun der Reihe nach sinngemäss mit weiteren Muskelpartien tun, also mit den Schultern, dem Genick, dem Gesicht (Grimassen), mit den Füssen und Zehen, Oberschenkeln und schliesslich dem Brustkorb.
4. Geniessen Sie für einen Moment das Gefühl einer allgemeinen Entspannung und öffnen Sie dann die Augen.

Weiter gehende und ausgefeiltere Entspannungsübungen sollten Sie gezielt erlernen, indem Sie beispielsweise entsprechende Tonbandkassetten einsetzen oder eine Schulung für autogenes Training absolvieren.

Störungen sind nicht immer zu vermeiden. Prüfen Sie aber, welche Lücken sie verursacht haben (z.B. fehlende Notizen, etwas nicht verstanden haben), und bemühen Sie sich darum, diese Lücken zu schliessen. Und wenn Sie die Arbeit dann erledigt haben: Lassen Sie sich «stören» und geniessen Sie die Freizeit.

3 Sich konzentrieren

2 Arbeitsplatz gestalten

Von einem gut eingerichteten Arbeitsplatz hängt ab, ob Sie sich wohl fühlen und die Arbeit in Angriff nehmen können. Sowohl zu Hause als auch in der Schule oder im Betrieb ist es wichtig, sich den Arbeitsplatz bewusst den Bedürfnissen entsprechend auszuwählen oder zu gestalten. Grundsätzlich sollten Sie wenn immer möglich eine Arbeitsumgebung wählen, die Sie selbst mit der Tätigkeit des Arbeitens verbinden. So liegt es beispielsweise nahe, schriftliche Zusammenfassungen an einem Arbeitstisch zu machen, einen schwierigen Text an einem ruhigen Platz in der Bibliothek zu studieren und umgekehrt für das Geniessen eines Musikstückes eine Atmosphäre zu suchen, die Sie möglichst wenig mit Arbeit verbinden. Allerdings ist noch entscheidender, dass Sie es auch schaffen, sich in einer an sich nicht so günstigen Umgebung voll auf die zu erledigende Aufgabe zu konzentrieren. Ein Beispiel dazu: Ihr Bett werden Sie wohl in erster Linie mit Ruhen und Schlafen verknüpfen. Wenn Sie Ihr Bett zu Ihrem primären Studierplatz machen, könnte es wohl passieren, dass Sie im Bett bald weder konzentriert arbeiten noch entspannt einschlafen können. Trotzdem kann es sein, dass Sie sich wirklich aufs Bett zurückziehen, wenn Sie hoch motiviert etwas Anspruchsvolles äusserst konzentriert durchdenken wollen, und daher keine Konzentrationsprobleme haben werden.

Zu Hause
- Arbeiten Sie in der Regel an einem fest eingerichteten und geeigneten Arbeitsplatz, suchen Sie aber auch bewusst einen anderen Platz, wenn Sie für die nächste Lernaufgabe eine Abwechslung brauchen. Achten Sie darauf, dass Ihr Arbeitsplatz gut beleuchtet ist, das Licht ruhig und auf der Arbeitsfläche gleichmässig verteilt ist, also keine störenden Schatten wirft. Für Rechtshänder sollte deshalb das direkte Licht einer Tischlampe von links kommen, damit der Schatten der

3 Sich konzentrieren

Hand nicht laufend die Schreibfläche verdunkelt. Nutzen Sie soweit möglich das Tageslicht, platzieren Sie Ihren Arbeitstisch in der Nähe eines Fensters, achten Sie aber darauf, dass Sie sich von einer möglicherweise reizvollen Aussicht nicht ablenken lassen. Sofern Sie einen Computer fest installieren, sollte er in Griffnähe sein (z. B. mit Schwenkarm und einer Tastatur, die Sie bei Bedarf auf geeigneter Schreibhöhe vor sich platzieren können, etwas tiefer als die normale Schreibtischhöhe).

- Halten Sie auf dem Schreibtisch eine minimale Fläche frei für jene Materialien und Geräte (portabler Computer), die Sie für die aktuelle Arbeit brauchen.
- Stellen Sie in Reichweite jene Materialien bereit, die Sie recht häufig, aber nicht dauernd brauchen (z. B. Fremdwörterbuch). Dinge, die Sie nur selten oder erst für die folgende Aufgabe brauchen (z. B. Bücher und Hefte fürs nächste Fach), können soweit entfernt liegen, dass Sie auch aufstehen müssen, um sie zu erreichen, denn dies verschafft Ihnen gleichzeitig eine sinnvolle kurze Pause und etwas Bewegung. Zur Arbeitsplatzgestaltung gehört auch, dass Sie Ihre Unterlagen zweckmässig ablegen (z. B. alle Materialien nach Fachgebiet geordnet: Heft, fliegende Blätter in Ordner oder Sichtmäppchen, Bücher).
- Momentan Unwesentliches (z. B. die Tageszeitung oder die neuesten Ferienfotos) sollten Sie besser ausser Sichtweite bringen und – noch wichtiger – im Moment aus Ihren Gedanken verdrängen.

In Schule oder Betrieb Auch wenn sich die Arbeitsbedingungen in der Schule oder im Betrieb nur beschränkt beeinflussen lassen, so können Sie doch einiges beachten.
- Halten Sie Ihren Arbeitsplatz im Schulzimmer, in der Bibliothek, im Büro oder in der Werkstatt ebenso geordnet und frei fürs Wesentliche.
- Soweit Sie in der Schule oder im Betrieb, jedoch ausserhalb der Unterrichtszeit, lernen, suchen Sie sich ebenfalls einen Ihnen zusagenden Arbeitsplatz (in der Bibliothek, im Grünen usw.).
- Weil Sie in der Schule oder im Betrieb selten ganz allein und ungestört arbeiten können, ist es besonders wichtig, mit den äusseren Störungen umzugehen und sich auch zu bemühen, die anderen Schülerinnen und Schüler nicht zu stören. Viele lassen sich gerade in einer Bibliothek immer wieder vom Kommen und Gehen der Mitschüler rundherum stören. Versuchen Sie in diesem Falle, sich einmal wie eine Spinne in ihrem Netz zu verhalten. Wenn diese nämlich mit Versuch und Irrtum gelernt hat, dass nicht bei jeder Vibration des Netzes auch eine Beute im Netz hängt, lässt sie sich durch die Bewegung nicht mehr aus der Ruhe bringen. Bringen Sie also Ihren Impuls, bei jeder Bewegung von der Arbeit aufschauen zu wollen, unter Kontrolle. Zuerst stört Sie zwar allein der Gedanke, nicht aufschauen zu wollen, allmählich werden Sie solche äusseren Störungen aber ganz einfach «übersehen».

3 Bewusst handeln

Sich konzentrieren heisst, nichts halbherzig oder oberflächlich, sondern das Wesentliche bewusst zu tun. Das gilt sowohl für den Unterricht als auch für die unterrichtsfreie Zeit.

- Arbeiten Sie im Unterricht aktiv mit, sowohl im Frontalunterricht als auch bei Gruppen-, Partner- und Einzelarbeit, antworten Sie auf Fragen der Lehrperson, fragen Sie auch die Lehrperson.
- Machen Sie sich Notizen, auch wenn die Lehrperson selbst an der Tafel oder am Hellraumprojektor keine Notizen macht (z. B. bei Gruppenarbeiten).
- Halten Sie Blickkontakt zur Lehrperson bzw. in Klassendiskussionen auch zu den Mitschülern und verfolgen Sie Erklärungen an Tafel und Hellraumprojektor aktiv mit.
- Wenden Sie sich bei Hausaufgaben jeweils einer Aufgabe zu, erledigen Sie diese gemäss Ihrer Zielsetzung und hüpfen Sie nicht ständig zwischen verschiedenen Aufgaben hin und her.
- Finden Sie heraus, zu welcher Tageszeit Sie sich am besten konzentrieren können.
- Trennen Sie Arbeits- und Erholungsphasen.

4 Regeln zur Motivation beachten

Konzentration und Motivation hängen eng zusammen. Ohne Motivation fehlt auch die Konzentration. Es ist daher wichtig, dass Sie sich im Klaren sind über die Ziele Ihrer Arbeit, dass Sie sich für ein neues Gebiet interessieren, sich positiv darauf einstellen und versuchen, sich wenn immer möglich auch Erfolgserlebnisse zu verschaffen (s. 1 «Sich motivieren»).

5 Konzentrationsanalysen durchführen

Oftmals ist es sinnvoll, sich zuerst selbstkritisch zu fragen, ob man sich eigentlich konzentrieren kann. Wenn Sie sich oft unkonzentriert fühlen, dann halten Sie schriftlich fest, wodurch Sie bei einer Aufgabenerledigung abgelenkt werden, und planen Sie Massnahmen, künftig solche Störungen zu vermeiden (Kopiervorlage im Anhang).

Konzentrationsanalyse

Ziel/Aufgabe	verfügbare Zeit	was ich der Reihe nach wirklich mache/denke – aufgabenbezogen – nicht aufgabenbezogen (Störungen)	dafür gebrauchte Zeit	Störungen von aussen	Störungen von innen	Störungen vermeidbar	Störungen unvermeidbar	künftige Gegenmassnahmen
15 Geschichts- blätter lernen (Unterrichtsnotizen) und im Buch 10 Seiten studieren (Vorbereitung einer Prüfung)	3 h 17 – 18.30 / 19 – 20.30	zwei Seiten lesen	6 min					
		Blick auf Zeitung – Sportteil gelesen	15'	x		x		auf Schreibtisch nur das, was zum Lernen gehört
		Schlechtes Gewissen → Unlust während der nächsten 6 Seiten → weiss nicht recht, was ich gelesen habe. Gehe in Küche und esse Schokolade	15'		x	x		Positives Selbstgespräch, Lust wecken verspreche mir 30' Fernsehen nach Studium Geschichte
			5'		x	x		Erfrischungspause erst nachdem ich 45' gut und konzentriert gelernt habe
		lese weiter (4 Seiten) Telefon → Freundin ruft an	20' 3'	x	x	x		Freundin sagen, dass ich am Lernen
		lese weiter, ich denke aber immer über das nach, was ist am Tel. besprochen haben: Angst vor Mathe. test den es geben könnte, wir "schwimmen", haben nicht aufgepasst	5'	x	x	x		Problem nach der Geschichte lösen Im Unterricht Notizen nehmen und mitarbeiten. Bei Unklarheiten fragen

3 Sich konzentrieren

Arbeitsvorschläge

3.1 Machen Sie kleine Konzentrationsübungen.

3.2 Führen Sie eine Konzentrationsanalyse mittels Formular durch.

3.3 Erstellen Sie eine Liste der am häufigsten auftretenden Störungen und suchen Sie allein oder im Gespräch mit anderen Massnahmen dagegen. Prüfen Sie, welche dieser Massnahmen Sie einhalten und welche nicht. Halten Sie alles schriftlich fest.

3.4 Sammeln Sie Erfahrungen mit dem Einsatz von Musik zum Entspannen sowie zum Erzeugen innerer Bilder. Tauschen Sie Ihre Erfahrungen mit den Mitschülerinnen und Mitschülern sowie den Lehrpersonen aus.

3.5 Überprüfen Sie, ob Sie Ihren Arbeitsplatz zu Hause den hier dargestellten Empfehlungen entsprechend eingerichtet haben, und treffen Sie nötigenfalls Massnahmen zur Umgestaltung.

3.6 Überprüfen Sie, wie aktiv Sie im Unterricht sind, und überlegen Sie sich, wie Sie Ihre Aktivität steigern können. Setzen Sie entsprechende Vorsätze um und beurteilen Sie, wie sich dies auf Ihre Konzentration auswirkt.

Selbstkontrolle → Leitfragen S. 11

4 Mit Angst und Stress umgehen

Worum geht es?

Haben Sie auch schon erlebt, dass Sie sich blossgestellt fühlten, als Sie im Unterricht überraschend aufgerufen wurden? Kam Ihnen auch schon der Angstschweiss, als Sie sich eine bestimmte Prüfungssituation vorstellten? Dann wissen Sie wohl auch, dass Angst eher leistungshemmend als leistungsfördernd wirkt, dies deshalb, weil Angst mit Selbstzweifeln gepaart ist, mit negativen Gefühlen und unangenehmen physischen Reaktionen. Diese Reaktionen lenken einen Teil der geistigen Kapazität vom eigentlichen Lernen und Leisten ab. Angst entsteht aber nicht einfach automatisch, sondern je nachdem, wie durchschaubar oder unberechenbar Ihnen eine Situation (z. B. eine Prüfung) erscheint und wie gut Sie sich in der Lage fühlen, diese Situation auch zu meistern, reagieren Sie mit mehr oder weniger Angst. Angst ist eine typische und häufig auftretende negative Form von Stress (sog. Distress). Davon ist der positive Stress (sog. Eustress) zu unterscheiden, ein Zustand einer belebenden Spannung, in dem man sich von etwas herausgefordert und innerlich aktiviert fühlt, sich aber gute Chancen ausrechnet, einer Aufgabe auch gewachsen zu sein. Solche Gedanken und Gefühle sind nicht hemmend, sondern fördern die Konzentration und Motivation. Ob Sie eine Situation als unangenehm oder positiv herausfordernd und aktivierend empfinden, hängt von der Situation und Ihnen selbst ab.

Im Folgenden lernen Sie Strategien einsetzen, um Angst oder Stress gar nicht entstehen zu lassen oder mit aufkommender Angst richtig umzugehen.

Lernstrategien

4 Mit Angst und Stress umgehen

1 Realistisch und positiv denken und handeln

Wesentliche Massnahmen gegen unangenehmen Stress und unbegründete Angst sind das Setzen realistischer Ziele und die positive Selbstbestärkung.

Realistische Ziele Seien Sie zwar nicht dauernd mit dem Minimum, das Sie leisten können, zufrieden, überfordern Sie sich aber auch nicht, sei es zeitlich oder inhaltlich. Vermeiden Sie unnötigen persönlichen Wettbewerb in der Schule, im Betrieb wie auch im Privatleben. Lassen Sie sich von andern nicht «blöffen». Fragen Sie sich kritisch, ob Sie denn immer zu den Besten, den Schnellsten usw. gehören müssen.

Eigenverantwortung Seien Sie sich bewusst, dass auch Sie einen Einfluss darauf haben, was mit Ihnen in der Schule geschieht. Betrachten Sie also vieles, was Sie zu tun haben – vom Unterrichtsbesuch bis zu den Prüfungen – als etwas, wofür Sie sich ja selbst entschieden haben, und nicht als von aussen aufgebrummte Pflicht. Wenn aber alles von aussen gesteuert ist, dann stellen Sie sich auf die Situation ein und legen sich verschiedene Strategien zurecht.

Sich positiv stimmen Versuchen Sie sich häufig positiv zu stimmen, indem Sie Strategien der Selbstmotivation einsetzen (vgl. 1 «Sich motivieren»).

- Besinnen Sie sich auf Ihre Stärken und Interessen, denken Sie zurück an persönliche Erfolge, kritisieren Sie sich nicht stets selbst, sondern haben Sie Selbstvertrauen und gratulieren Sie sich auch hie und da selbst. Stellen Sie negativen Gedanken positive gegenüber, indem Sie die Selbstgespräche, die in Ihnen ablaufen, in eine positive Richtung lenken. Pflegen Sie auch Ihre Hobbys.
- Drücken Sie Ihre Gefühle und Wünsche gegenüber anderen Personen aus, sagen Sie also, was Sie denken und wollen. Aber besprechen Sie Ihren Ärger und Ihre Probleme zum geeigneten Zeitpunkt, also nicht gerade vor einer wichtigen Prüfung oder wenn Sie aufgrund von Aufträgen gerade unter Zeitdruck stehen. Geben Sie auch einmal nach und machen Sie den ersten Schritt, z. B. in Diskussionen und Konflikten.
- Kritisieren Sie nicht andauernd andere, sondern akzeptieren Sie sie mit ihren Vorzügen, Schwächen, Meinungen und Gefühlen.
- Suchen Sie gemeinsame Interessen und Ziele, wenn Sie mit anderen zusammenarbeiten müssen.
- Lernen Sie öfter etwas Neues, das Ihnen Spass macht, und pflegen Sie Ihre Hobbys.

4 Mit Angst und Stress umgehen

2 Günstige äussere und körperliche Bedingungen schaffen

Sowohl die äusseren Bedingungen als auch das körperliche Wohlbefinden tragen entscheidend dazu bei, ob Sie mit schwierigen Situationen umgehen können oder zu unkontrollierter Angst neigen.

Störfaktoren Schalten Sie äussere Störfaktoren aus: Übermässig viele Freizeitaktivitäten wie auch Überbelastung durch Nebenbeschäftigungen können Ihre Konzentration stören.

Körperliche Fitness Achten Sie auf eine gute Körperhaltung bei der Arbeit und in der Freizeit. Bewegen Sie sich regelmässig und treiben Sie massvoll im Rahmen Ihrer körperlichen Möglichkeiten Sport. Wesentlich ist, dass die Aktivität ein vom Zeitpunkt und Zeitbedarf her geplanter, sinnvoller Unterbruch ist.

Ernährung Verpflegen Sie sich bekömmlich und gesund, d. h. vor allem ausgewogen, abwechslungsreich und ohne Hast:
- Weder Proteine (z. B. Fleisch, Fisch, Milchprodukte) noch Fette oder raffinierter Zucker sind in grossen Mengen für den Energiehaushalt nötig, sondern in erster Linie komplexe Kohlehydrate (Reis, Teigwaren, Kartoffeln, Gemüse, Brot).
- Das Essen sollten Sie als echte Pause verstehen und nicht zum Arbeiten benützen.
- Nehmen Sie das Abendessen relativ frühzeitig ein, so dass wenn nötig noch eine produktive Arbeitsphase vor der Nachtruhe zur Verfügung steht.

4 Mit Angst und Stress umgehen

Schlaf — Schlafen Sie Ihren Bedürfnissen entsprechend **genug, regelmässig** und über längere Zeit immer etwa in **gleichem Umfang.** Wer genügend schläft, ist produktiver, als wer zwar mehr Stunden arbeitet, aber zu wenig schläft. Schläft man weniger, als man eigentlich nötig hätte, dann nimmt der Stress zu. Erhöhter Stress führt wiederum zu Schlafstörungen, was den Schlaf nochmals verkürzt und einen wieder stressanfälliger macht.

Wie viele Stunden Schlaf man braucht, ist allerdings individuell verschieden. Gemäss Untersuchungen sind es für die Mehrzahl sechs bis neun Stunden pro Nacht. Der individuelle Bedarf hängt von verschiedenen Faktoren wie Alter, Veranlagung, Art der Beschäftigung, Jahreszeit und Wetter ab. Beobachten Sie sich selbst, um herauszufinden, wie viel Schlaf Sie wirklich brauchen. Fragen Sie sich dazu selbstkritisch, ob Sie sich während der Arbeitszeit – im Unterricht, am Arbeitsplatz, im Selbststudium – wirklich aufmerksam und aufnahmebereit fühlen. Ist dies nicht der Fall, so ist Müdigkeit oft die Ursache.

Aber ebenso gilt: Seien Sie nicht allzu stur mit Ihren Schlafgepflogenheiten, denn sonst tritt erst recht Stress ein, wenn Sie den vorgesehenen Fahrplan nicht genau einhalten können. Und überdies ist der Körper kein Automat, der völlig getrennt ist von Ihrem Bewusstsein. Deshalb sind Sie auch fähig, mittels Ihres Willens für kürzere Phasen zusätzliche Energie freizumachen.

Umgang mit der Zeit — Wenden Sie Strategien zum Umgang mit der Zeit an. Wenn Sie nicht in Zeitnot geraten, kommt weniger Angst auf (s. 2 «Mit der Zeit umgehen»).

3 Belastende Situationen und sich selbst realistisch einschätzen

Häufig steigern sich Schülerinnen und Schülern vor entscheidenden Situationen (besonders vor Prüfungen) in immer grössere Ängste, weil sie ihr Wissen und Können nicht mehr klar einzuschätzen vermögen.

Sich informieren — Machen Sie sich frühzeitig mit den Anforderungen und der Situation vertraut und bauen Sie falsche Meinungen darüber ab (s. auch 7 «Prüfungen bewältigen»). Hüten Sie sich vor allerlei Gerüchten über Vorlieben von Lehrpersonen.

Realistische Einschätzung — Schätzen Sie Ihr Können gemessen an den Anforderungen realistisch ein, indem Sie sich etwa fragen: Habe ich den geforderten Stoff wirklich verarbeitet? Könnte ich Aufgaben, wie sie in vergangenen Prüfungen gestellt wurden, wirklich auch selbständig lösen? Habe ich die Unklarheiten, die ich entdeckt habe, schon geklärt? Habe ich wirklich genügend Zeit eingesetzt und sie auch intensiv genutzt? Was sollte ich nochmals durcharbeiten, damit ich nicht wieder dieselben Fehler mache wie in der letzten Prüfung?

4 Mit Angst und Stress umgehen

Keine Ausrede Wenn Sie in Ihrem Lernverhalten Fehler feststellen, dann sagen Sie sich nicht einfach: «Ich habe einfach Angst, und deshalb geht es einfach nicht besser!», sondern arbeiten Sie an Ihrem Lernverhalten und holen Sie Versäumtes nach. Angst darf keine Ausrede für fehlende Anstrengung oder fehlendes Wissen sein.

Frühwarnsignale Achten Sie auf Frühwarnsignale wie beispielsweise: Bin ich mit meinen Arbeiten bereits in Verzug? Laufe ich Gefahr, in einem Fach den Anschluss zu verpassen? Beginne ich dem Unterricht fernzubleiben, um mich stattdessen auf Prüfungen vorzubereiten? Melde ich mich bei Prüfungen krank?

4 Aufkommende Angst bekämpfen

Tauchen vor oder in Prüfungssituationen negative Gedanken und Gefühle auf, so ist es wichtig, diese rasch unter Kontrolle zu bringen, v. a. wenn keine Zeit besteht, sich mit der Angst richtig auseinander zu setzen.

Wenn Sie spüren, dass Selbstzweifel («Ich schaffe das doch nicht; hätte ich doch nur besser aufgepasst» usw.) und beklemmende Gefühle («Ich kann gar nicht mehr, es hat doch alles keinen Sinn, ich bin so müde» usw.) aufkommen, so können Sie Verschiedenes unternehmen, je nachdem, wie viel Zeit Sie dazu haben. Vergleichen Sie auch die **Entspannungstechniken** in 3 «Sich konzentrieren».

Gedankenflüge Fliegen Sie mit Ihren Gedanken einfach einmal davon (Tagträume) und machen Sie eine schöne Reise; spüren Sie, was Sie schon einmal Positives erlebt und gefühlt haben oder einmal erleben wollen (Bilder wie Meer, Berge, Sonne, Wind, Schnee können sehr rasch weit weg tragen und entspannen). Mit einiger Übung können Sie solche Ausflüge sehr kurz und doch intensiv gestalten und somit sogar während einer Prüfung einsetzen.

Dramatisieren Denken Sie auch den schlechtestmöglichen Fall einmal durch bis zum bitteren, unrealistischen Ende, z. B.: Sie bereiten eine Prüfung vor und zweifeln daran, dass Sie eine genügende Note erzielen werden. Stellen Sie sich nun die negativen Folgen plastisch vor: «Wenn ich hier ungenügend bin, dann habe ich eine ungenügende Note im Zeugnis. Das habe ich noch nie gehabt. Meine Eltern werden sehr enttäuscht sein, und mein Bruder wird mich dauernd hänseln. So wird auch die gute Ferienlaune gleich verdorben sein, und ich werde mich wohl am besten verkriechen. Und dann werde ich auch das nächste Semester bereits gestresst beginnen, und weiter abwärts geht's mit mir.» Stellen Sie weiter solch negative Gedanken an, bis Sie erkennen, dass es absurd ist, so negativ zu denken. Sind Sie in einer entscheidenden Prüfung, so ist es besser, sich diese Gedanken nicht erst bei aufkommender Angst, sondern bereits während der Prüfungs-

4 Mit Angst und Stress umgehen

vorbereitung zu machen, um bei klarem Kopf abschätzen zu können, wie realistisch ein Scheitern tatsächlich ist.

Immunisieren Stellen Sie sich eine Situation vor, die Sie besonders beängstigt (z. B. die erste Frage in einer mündlichen Prüfung), entspannen Sie sich nun und machen Sie sich ein möglichst positives Bild von dieser Situation (z. B. wie Sie die erste Frage in der mündlichen Prüfung ganz gefasst anhören, dem Prüfenden in die Augen schauen, kurz überlegen und dann laut, deutlich und nicht zu schnell eine Antwort formulieren). Damit machen Sie sich sozusagen «immun» gegenüber einer Bedrohung. Dies können Sie auch im Rollenspiel mit Mitschülern üben.

Positive Selbstgespräche Reden Sie sich positiv zu, in Gedanken oder – wenn es möglich ist – sogar laut, z. B.: «Das habe ich zu Hause gut gekonnt; jetzt schreibe ich einfach noch ein paar Stichworte, das gibt sicher doch noch einen Punkt; dann rate ich halt, das ist ja nicht verboten; ich habe ja im Unterricht gut mitgearbeitet; jetzt bin ich ganz ruhig und gehe in Gedanken meine Zusammenfassung durch, dann kommt mir das schon wieder in den Sinn.»

«Und wenn es vorüber ist» Stellen Sie sich vor, wie schön es sein wird, wenn die Prüfung vorbei ist, und malen Sie sich in Gedanken aus, wie angenehm es sein muss, wenn Sie in der Prüfung Erfolg haben werden.

5 Angstanalyse durchführen

Wenn Sie von beängstigenden negativen Gedanken und Gefühlen geplagt werden und Sie genügend Zeit haben, sich gründlicher mit diesen zu beschäftigen, dann führen Sie eine Angstanalyse durch, mit dem Ziel, Ihre Ängste zu bestimmen und zu reduzieren (Kopiervorlagen im Anhang).

Angstbestimmung und -reduktion

1. Stressoren

Listen Sie auf, was Sie im Zusammenhang mit bevorstehenden Situationen, (z.B. Prüfungen, Vortrag halten) bedrückt, und erstellen Sie eine Rangliste dieser Stressoren.

Rang	Stressoren	
1	– ich weiss nicht recht, was an der Prüfung kommt	gerade
2	– ich habe bis jetzt wenig gelernt und habe auch nur wenig Zeit	aktuell (Matheklausur)
3	– ich weiss nicht, welche Art von Fragen kommen	
3	• welche Französischwerke soll ich auswählen?	nahe Zukunft
2	• Habe etwas Angst vor Matura	
①	• Ich weiss nicht, ob ich genügend Zeit für ganze Maturavorbereitung habe, da bisher Wochenplan nicht eingehalten	

2. Mögliche Massnahmen

Wählen Sie einen der am wichtigsten rangierten Stressoren aus, und listen Sie auf, was Sie alles dagegen tun wollen.

Ich weiss nicht, ob ich genügend Zeit für ---
- ich schaue, ob mein Zeitbudget (Mehrwochenplan) noch stimmt
- halte mich nächste Woche an Wochenplan
- wenn ich nicht drauskomme, frage ich die Lehrerin (Zeitersparnis!)

3. Wahl und Begründung von Massnahmen

Wählen Sie eine bis zwei der obigen Massnahmen aus, die Sie in nächster Zeit (z.B. während einer Woche) durchführen wollen. Erklären Sie, weshalb Sie dies tun wollen.

- Zeit realistisch schätzen: verfügbare Zeit neben Hausaufg./Schule/Freizeit
- täglich Zeiteinhaltung kontrollieren (Uhr!) • mich belohnen

Wenn ich jede Woche den Zeitplan einhalte, läuft mir die Zeit für Maturavorbereitung nicht mehr davon. Ich muss Tag für Tag etwas disziplinierter werden.

Angstbestimmung und -reduktion

4. Massnahmenprotokoll: Führen Sie ein Protokoll zur Verwirklichung der geplanten Massnahmen

Geplante Massnahmen	Welche Gedanken und Gefühle habe ich dabei gehabt?	Was habe ich in der Folge getan?	Welche Gedanken und Gefühle habe ich dabei gehabt?
Was habe ich durchgeführt? Ich habe von Montag bis Mittwoch den Zeitplan eingehalten	Das habe ich gut gemacht. Jetzt werde ich es schon schaffen. Das Lernen macht sogar Spass, wenn man gut organisiert ist. Man muss sich halt auch die Zeit nehmen.	o.k.	
Was habe ich nicht durchgeführt? Warum nicht? Am Donnerstag musste ich auswärts eine Klausur vorbereiten. (Hatte ich ganz vergessen!) → Zeitplan für Matura nicht eingehalten.	Habe doch so gut begonnen, jetzt halte ich Vorsatz schon wieder nicht ein. Wird wohl wieder geschehen.	Werde künftig besser die laufenden Hausaufgaben und die langfristigen Aufgaben koordinieren. "Mir nicht aufgeben!" ☺	Jetzt kann ich entspannter ins Bett gehen, denn ich werde diesen Vorsatz beachten.
Am Samstag ging ich unvorhergesehene Party. Am Sonntag keine Lust zum Lernen (ausschlafen!)	Ich will gehen, die Freunde gehen auch.. schlechtes Gewissen. Ich bin so müde, Lernen macht keinen Sinn → schlechtes Gewissen	Künftig nur noch kurze Partys besuchen.	Ich muss auch "Nein" sagen können → das nennt man "ensachen". ☺

52

4 Mit Angst und Stress umgehen

Arbeitsvorschläge

4.1 Führen Sie eine Analyse zur Angstbestimmung und Angstreduktion durch (Formulare im Anhang).

4.2 Erkunden Sie Ihre Gedanken und Gefühle gegenüber Prüfungen, indem Sie Sätze wie die folgenden selbst ergänzen und weitere solche Sätze formulieren:

Situation	Gedanken und Gefühle
– Am Abend vor einer Prüfung …	…………………………………
– Zu Beginn einer Prüfung …	…………………………………
– Während einer Prüfung …	…………………………………
– Nach einer Prüfung …	…………………………………
– Wenn ich die Prüfungsarbeit zurückerhalte …	…………………………………
– Wenn ich in einer Prüfung die erste Aufgabe gelöst habe …	…………………………………
– Wenn andere Schüler in einer Prüfung Fragen stellen …	…………………………………
– …………………………………	…………………………………

- Gehen Sie diese Gedanken und Gefühle durch und schätzen Sie ein, wie angstbeladen diese sind.
- Überlegen Sie, ob diese Gedanken und Gefühle berechtigt sind oder nicht.
- Überlegen Sie, was Sie gegen unberechtigte Gedanken und Gefühle unternehmen könnten.
- Stellen Sie sich in einem möglichst entspannten Zustand jene angstbeladenen Situationen vor und versuchen Sie dabei, positivere Gedanken und Gefühle zu entwickeln.

4.3 Führen Sie kurz vor einer Prüfung ein positives Selbstgespräch.

Selbstkontrolle → Leitfragen S. 11

5 Wesentliches erkennen

Worum geht es?

Lernen besteht hauptsächlich darin, Wissen in seinen vielfältigen Formen zu erwerben. Dies ist ein äusserst vielschichtiger Prozess, bei dem Sie Informationen wahrnehmen, aufnehmen, verarbeiten und bei Bedarf wieder abrufen und anwenden. Wie lange Sie das Wissen in Ihrem Gedächtnis behalten und wie gründlich Sie es erwerben müssen, hängt von den Anforderungen der Schule und Ihren eigenen Wünschen ab. Ob Sie aber beim Lernen erfolgreich sind und Prüfungen optimal bewältigen, wird von zwei Denkprozessen beeinflusst, die beim Erwerben von Wissen besonders bedeutsam sind: Wesentliches erkennen und Informationen verarbeiten.

Haben Sie auch schon einmal viele Einzelheiten auswendig gelernt und waren dann enttäuscht, dass Sie in der Prüfung nur die grossen Zusammenhänge darstellen mussten? Oder haben Sie auch schon gemeint, dass alles wichtig sei, so dass Sie mit einer Hausaufgabe nicht mehr rechtzeitig fertig wurden? Solche Erfahrungen machen deutlich, dass Sie beim Wissenserwerb immer wieder entscheiden müssen, was überhaupt wesentlich ist. Dazu müssen Sie sich Gedanken machen über die Lernsituation (Welches ist das Lernziel? Was wird an der Prüfung verlangt? usw.) und sich selbst als Lerner (Was wissen Sie schon? Was wollen Sie lernen? usw.). Des Weiteren müssen Sie Ihre Wahrnehmungs- oder Eingangskanäle (sehen, hören, sprechen usw.) gezielt einsetzen und schliesslich aus der Form und dem Aufbau der Informationen das Wesentliche ableiten.

Lernstrategien

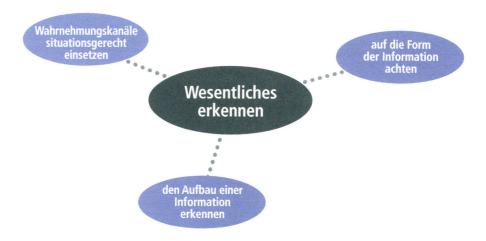

5 Wesentliches erkennen

1 Wahrnehmungskanäle situationsgerecht einsetzen

Nicht in jeder Situation werden alle Sinne auf gleiche Weise angesprochen. Wenn Sie aber bewusst und gezielt Ihre verschiedenen Sinne (sehen, hören, tasten, schmecken, riechen) einsetzen, dann können Sie damit das Wesentliche leichter erkennen (und sich auch leichter merken) und vom Unwesentlichen unterscheiden. Arbeiten Sie also mit verschiedenen Wahrnehmungs- oder Eingangskanälen. Folgende Tabelle enthält typische Aktivitäten, die unterschiedliche Eingangskanäle betreffen.

Aktivitäten	Beispiele
■ beobachten	Lesen, Bild betrachten, Gesten beachten
■ zuhören	auf die Worte der Lehrperson/Mitschüler hören
■ sprechen	einen Satz mitsprechen, laut aufzählen/vorlesen, jemandem etwas in eigenen Worten erzählen
■ schreiben	Notizen machen, markieren
■ nachahmen, bewegen	Bewegungen und Sprechweise einer Lehrperson nachahmen
■ berühren	einen Gegenstand betasten, etwas formen
■ riechen, schmecken	Materialien ausprobieren

Kombinieren Kombinieren Sie zwar bewusst mehrere Eingangskanäle, z. B. beobachten, sprechen und bewegen. Dabei müssen Sie aber beachten, dass es nicht sinnvoll ist, gleichzeitig oder nacheinander alle nur möglichen Eingangskanäle zu benützen, denn dies kann Sie gerade vom Wesentlichen ablenken, das Aufnehmen stören und auch zu viel Zeit kosten.

Gezielt auswählen Nicht in jeder Situation sind dieselben Kanäle gleich geeignet. Wenn Sie beispielsweise ab Tonband etwas erfassen müssen, ist Zuhören zwingend nötig, und Bilder (visueller Kanal) können Sie sich nur innerlich machen. Wenn Sie aber über etwas gründlich nachdenken wollen, um das Wesentliche zu erkennen, dann lesen bzw. beobachten Sie, ohne laut zu sprechen, damit Sie Ihre Gedanken nicht stören. Wollen Sie hingegen die richtige Betonung eines Wortes herausfinden, dann sprechen Sie laut, damit Sie sich wirklich hören.

5 Wesentliches erkennen

Eigene Stärken beachten Auch Ihre Gewohnheiten und Stärken sollten Sie beachten; die einen fühlen sich visuell (übers Auge), die andern auditiv (übers Ohr) und wieder andere kinästhetisch (im Tun) stärker. Beharren Sie aber nicht einfach auf Ihren so genannten Stärken, indem Sie sagen, Sie seien ein ganz bestimmter Lerntyp. Übrigens: Werden Lernende gefragt, ob sie am liebsten visuell, auditiv oder kinästhetisch lernen würden, so bevorzugen die meisten «visuell». Die meisten Situationen verlangen jedoch den Einsatz mehrerer Kanäle, und oft verlangt eine Situation auch etwas, was Sie gar nicht so gerne tun (z. B. wenn Sie etwas lesen müssen, dann müssen Sie in erster Linie mit den Augen arbeiten und können nicht darauf beharren, dass Sie viel besser lernen würden, wenn Sie zuhören könnten). Üben Sie also, mit allen Eingangskanälen zu arbeiten.

2 Auf die Form der Information achten

Sprachliche Hinweise Beim Zuhören, Beobachten und Lesen ist es sehr wichtig, auf spezielle sprachliche Hinweise zu achten. Seien Sie aufmerksam, wenn betont wird, dass etwas besonders wichtig sei oder in einer Prüfung vorkommen könnte. Achten Sie auf Formulierungen, Wörter und Redewendungen, die auf Wesentliches hinweisen.

Sprachliche Hinweise auf Wesentliches

- besonders wichtig ist …
- besteht aus …
- wird folgendermassen definiert …
- erstens, zweitens … und schliesslich
- daraus folgt …
- einerseits … anderseits
- sowohl … als auch …
- folgende Merkmale …

Achten Sie auch besonders auf Einleitungen, Zielsetzungen, Überleitungen, Zusammenfassungen.

Hilfsmittel Achten Sie darauf, ob eine Information durch ein Hilfsmittel besonders hervorgehoben wird. Die folgende Tabelle gibt einige Beispiele.

5 Wesentliches erkennen

Informationsquelle	Was besonders beachten?
■ Texte	■ Titel, Untertitel ■ Fett- und Kursivdruck ■ Randbemerkungen ■ Nummerierung, Aufzählungen ■ Abbildungen und Tabellen (Titel, Beschriftung der Achsen/ Zeilen/ Spalten, Zeichenerklärung) ■ Verfasserin, Datum, Erscheinungsort
■ Unterrichtshilfsmittel	■ Notizen an Wandtafel/auf Hellraumprojektor ■ Folien ■ Zusammenfassungen ■ Arbeitsblätter
■ Geräte	■ Beschriftungen, Zeichen, Farben

Lehrperson Achten Sie auf Sprechweise, Gestik und Mimik der Lehrperson. Was betont sie besonders? Wo legt sie ihre ganze Begeisterung hinein? Wo kommt sie sozusagen ins «Feuer» in der Sprechweise, im Gesichtsausdruck, in der Körperhaltung usw.? Was hebt sie mit den Händen (Zeichensprache) besonders hervor (z.B. Unterstreichen mit einer Handbewegung, Aufzählen mit den Fingern, Zusammenfassen mit beiden Händen, mit einem Finger auf etwas zeigen).

Achten Sie aber in erster Linie auf den Inhalt der Information und nicht auf die Form, denn nicht immer ist das besonders wesentlich, was am gefälligsten präsentiert wird.

3 Den Aufbau einer Information erkennen

Wichtig bei der Informationsaufnahme ist, dass Sie sich fragen, wie die neue Information mit Ihrem vorhandenen Wissen zusammenhängt, wie Sie die neue Information in Ihr Wissen integrieren und wozu sie Ihnen nützlich sein kann.

Unterrichtssituation Das Wesentliche können Sie oft aus der Unterrichtssituation erschliessen. Fragen Sie sich beispielsweise: Muss ich das erfahrungsgemäss in einer

5 Wesentliches erkennen

Prüfung können? Setzt die Lehrperson dafür viel Unterrichtszeit ein? Steht das auch im Lehrbuch oder auf dem Arbeitsblatt? Möchte ich das wissen, weil es mich interessiert? Was weiss ich schon darüber? Brauche ich das für die Projektarbeit?

Drei Teile einer Information Ihnen selbst scheint allerdings nicht immer dasselbe wesentlich wie dem Lehrer oder der Lehrbuchautorin. Daher ist es wichtig zu versuchen, beim Lesen oder Zuhören den Aufbau einer Information zu erkennen. Beachten Sie, dass sehr viele Informationen (in Texten, in Bildern, in mündlichen Ausführungen) aus drei wesentlichen Teilen bestehen, nämlich aus «Thema», «Hauptgedanken» und «unterstützenden Einzelheiten». Daneben enthalten viele Informationen aber auch Nebensächliches. Die Reihenfolge der drei Teile muss nicht immer gleich sein; besonders häufig sind Informationen nach dem Prinzip «vom Allgemeinen zum Speziellen», oft aber auch gerade umgekehrt aufgebaut.

5 Wesentliches erkennen

Die folgende Tabelle erklärt, was unter den drei Teilen einer Information zu verstehen ist und welche Fragen Sie sich stellen können, um das Wesentliche zu erkennen.

Wesentliches	Ich frage mich
Thema (T) «Titel» der Information 2 bis 3 Schlagworte	■ Worum geht es überhaupt? ■ Wie lautet das Lernziel? ■ Wie lautet das Kernproblem?
Hauptgedanken (H) Verallgemeinerungen, Regeln, Hauptargumente, Kernaussage, Modell, Merkmale, Problemlösung	■ Was will der Autor zum Thema wirklich sagen? Welches ist seine Botschaft, sein Anliegen? ■ Was wird im ersten oder letzten Satz eines Abschnittes oder im ersten bzw. letzten Abschnitt eines Kapitels gesagt? ■ Welche Schlussfolgerungen haben wir in einer Diskussion gezogen?
unterstützende Einzelheiten (UE) Erklärungen, Beispiele, Daten, Untersuchungsanlage	■ Womit werden die Hauptgedanken veranschaulicht? ■ Womit wird etwas bewiesen?
Nebensächliches (N) weitere, gleichartige Beispiele, Ausschmückungen, Abschweifungen	

Nicht zu kritisch aufnehmen

Beachten Sie, dass Form und Inhalt nicht immer harmonisch zueinander stehen. Fragen Sie sich vielmehr, ob die Art, wie eine Information dargeboten wird, nicht vom Wesentlichen abzulenken versucht. Beispielsweise: Will ein Lehrer durch Wortwahl, Tonfall, Gestik und Mimik von etwas ablenken, wird durch humoristische oder sarkastische Bemerkungen etwas verniedlicht, wird durch schnelles Sprechen etwas Ihnen wichtig Scheinendes übergangen? Im Unterricht reicht allerdings die Zeit oft nicht, laufend alles, was Sie hören, sehen und lesen, sofort kritisch zu hinterfragen. Deshalb empfiehlt sich, vieles zunächst einmal aufzunehmen, so wie es dargestellt wird, bereits aufkommende kritische Überlegungen festzuhalten (z. B. Vermerke in den eigenen Notizen) und beim nachfolgenden Verarbeiten weiterführende Gedanken anzustellen. Dasselbe gilt auch, wenn Sie Texte studieren oder selbst Ideen entwickeln. Wenn Sie von Anfang an sehr kritisch lesen und fortlaufend jede eigene Idee sofort hinterfragen, blockieren Sie Ihre eigenen Gedanken und verschliessen sich den Ausführungen in einem Text.

5 Wesentliches erkennen

Beispiel: Wesentliches aus einem Text erkennen

Der Abhängigkeitseffekt
(J. K. Galbraith, Gesellschaft im Überfluss, Knaur, München 1963, S. 137/138)

«Wäre es so, dass ein Mensch jeden Morgen beim Aufstehen von Dämonen überfallen wird, die ihm eine unbezwingbare Gier einmal nach Seidenhemden, ein anderes Mal nach Küchengeräten, dann wieder nach Nachttöpfen oder nach Orangensaft einflössten, dann hätte man gewiss allen Grund, den Bestrebungen Beifall zu spenden, die darauf abzielen, geeignete Güter, mögen sie noch so wunderlich sein, herzustellen, um diese verzehrende Leidenschaft zu stillen. Wäre es aber so, dass seine Gier nur deshalb erwacht ist, weil er selbst zuerst die Dämonen herangezüchtet hat, und sollte sich ausserdem herausstellen, dass seine Bemühungen, die Gier zu stillen, die Dämonen nur zu immer lebhafterer Aktivität anspornten, dann müsste man sich doch wohl fragen, was nun die vernünftigste Lösung sei. Der Mensch, der nicht durch konventionelle Auffassungen beeinflusst ist, wird sich fragen: Mehr Waren oder weniger Dämonen?

Wenn die Produktion die Bedürfnisse erzeugt, die sie zu befriedigen sucht, oder wenn die Bedürfnisse im gleichen Schritt und Tritt mit der Produktion entstehen, dann kann die Dringlichkeit des Bedarfs nicht mehr dazu benützt werden, um die Dringlichkeit der Produktion zu rechtfertigen. Die Produktion füllt nur eine Lücke aus, die sie selbst erst geschaffen hat!»

(T) Abhängigkeitseffekt –
Abhängigkeit Bedürfnisse von Produktion

(HI)
- Mensch hat eigene Bedürfnisse
- Produktion schafft neue Bedürfnisse, um sich zu rechtfertigen
- Mensch von Produktion abhängig

(UE) Beispiel Dämonen

(N) —

(Bedürfnisse des Menschen ↔ Produktion) — Beispiel → (Gier der Menschen ↔ Dämonen treiben Gier an)

60

5 Wesentliches erkennen

Arbeitsvorschläge

5.1 Bitten Sie die Lehrperson, einen Kurzvortrag zu halten. Halten Sie während des Vortrags die Augen geschlossen, hören Sie konzentriert zu und versuchen Sie, das Wesentliche zu erkennen, indem Sie bewusst auf die Sprache und Sprechweise hören.

5.2 Bereiten Sie einen Kurzvortrag vor und überlegen Sie sich, was Sie auf einer Folie festhalten, damit die Mitschülerinnen und Mitschüler das Wesentliche erkennen können. Halten Sie diesen Vortrag probeweise vor dem Spiegel und «unterstreichen» Sie durch Ihre Handbewegungen und den Gesichtsausdruck das Wesentliche.

5.3 Gliedern Sie einen Text in die drei Bestandteile «Thema», «Hauptgedanken» und «unterstützende Einzelheiten» mit Hilfe der obigen Tabelle. Vergleichen Sie die Lösung mit jenen anderer Schülerinnen und Schüler.

5.4 Lesen Sie den folgenden oder einen beliebigen Text und machen Sie der Reihe nach Folgendes:

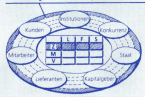

Die ökologische Umweltsphäre

Mit dem Ausdruck «Ökologie» werden die Beziehungen der Lebewesen innerhalb ihrer Umwelt bezeichnet. Jede wirtschaftliche Tätigkeit beeinflusst die Umwelt in irgend einer Form. So benötigen wir beispielsweise bei vielen wirtschaftlichen Tätigkeiten Rohstoffe aus der Natur und am Ende der Nutzungsdauer bleiben Abfälle übrig. Oder wir verbrauchen Energie und geben Abwärme an die Umwelt zurück. Der gleiche Sachverhalt trifft für Luft und Abgase, Wasser und Abwässer zu. In den letzten 100 Jahren hat sich die Wirtschaftstätigkeit und damit auch unsere Versorgung mit Gütern und Dienstleistungen enorm entwickelt. Aber auch die Belastung der Umwelt hat immer stärker zugenommen.

Während die Unternehmungen früher ausschliesslich das Ziel verfolgen konnten, innert möglichst kurzer Zeit einen möglichst grossen Gewinn zu erzielen, erkennen die Betriebe heute, dass sie in eine Umwelt eingebettet sind, auf die sie langfristig angewiesen sind. Einige Unternehmungen haben eingesehen, dass neben der kurzfristigen Gewinnzielung auch umweltschützende Massnahmen getroffen werden müssen. Im weiteren ist auch der Staat bestrebt, die Umweltbelastung mit einer modernen Umweltschutzgesetzgebung zu vermindern. Viele sehen im Umweltschutz noch immer primär eine Einschränkung der persönlichen Freiheit. Entscheidend ist aber, dass wir unsere Verhaltensweisen nicht weiter auf kurzfristige wirtschaftliche Interessen ausrichten, die wenig Rücksicht auf die Natur nehmen. Vielmehr müssen wir die natürlichen Grundlagen (Rohstoffe, Energie, Luft und Wasser) auch für künftige Generationen erhalten. Dies könnte durch eine Änderung unserer Konsumgewohnheiten eigentlich sofort geschehen: Umweltbelastende Produkte und Dienstleistungen werden nicht mehr gekauft. In Wirklichkeit ist es aber häufig so, dass für die Konsumenten der Preis das wichtigste Kriterium beim Kaufentscheid ist – und umweltschonende Produkte und Dienstleistungen sind vorerst grundsätzlich teurer.

Häufig bewirken aber erst dramatische Umweltschäden Veränderungen in den anderen Umweltsphären und führen zu Verhaltensänderungen bei den Anspruchsgruppen. Deshalb ist es nötig, dass für einzelne Bereiche wie Gewässerschutz oder Luftreinhaltung verbindliche Rechtsvorschriften erlassen werden.

Wechselwirkungen zwischen den Umweltsphären

Die für eine Unternehmung bedeutsamen, im Umfeld stattfindenden Entwicklungen können ihren Ursprung in der technologischen, ökonomischen, sozialen oder ökologischen Umweltsphäre haben. Es ist auch möglich, dass Entwicklungen in einer Umweltsphäre Auswirkungen auf andere Umweltsphären haben. Verfahrens- und Produktverbesserungen in der technologischen Umweltsphäre verdrängen zum Beispiel häufig bestehende Produkte. Dadurch kann die Zahl der Arbeitslosen in gewissen Branchen oder Ländern ansteigen (ökonomische Umweltsphäre). Dank des technischen Fortschritts kann die Arbeitszeit verkürzt werden. Dies ist mit ein Grund dafür, dass vermehrt Bedürfnisse nach Freizeitaktivitäten entstehen (soziale Umweltsphäre). Der durch die vermehrte Freizeit verstärkte Konsum belastet die Umwelt (ökologische Umweltsphäre). Oft sind neue Herstellungsverfahren mit Risiken verbunden. An den Betrieb von Kernkraftwerken werden deshalb strenge gesetzliche Auflagen gestellt (rechtliche Umweltsphäre).

Wenn Entwicklungen zu neuen rechtlichen Regelungen führen, können sie die bisherige Geschäftstätigkeit unter Umständen sehr stark beeinflussen. Aus diesem Grund muss den Veränderungen der Rechtsvorschriften besondere Beachtung geschenkt werden.

(Quelle: Saxer, U., Tobler, T. & Rüfenacht, H. (1994). *Spannungsfeld Unternehmung*. Zürich: SKV, S. 50)

– Nummerieren Sie die Absätze/Abschnitte des zu lesenden Textes.
– Geben Sie jedem Abschnitt einen Titel.
– Schreiben Sie das «Drehbuch» zum Abschnitt, d.h. halten Sie in Form eines Inhaltsverzeichnisses fest, wie der Abschnitt aufgebaut ist.
– Entscheiden Sie nun, welche Punkte wichtig sind für das Verständnis des Abschnittes. Diese Punkte notieren Sie möglichst knapp in Stichworten.

Selbstkontrolle → Leitfragen S. 11

6 Informationen verarbeiten

Worum geht es?

Eng verknüpft mit dem Erkennen des Wesentlichen ist der zweite wichtige Denkprozess beim Wissenserwerb: «Informationen verarbeiten». Wer hat nicht schon erlebt, dass er oder sie zwar erkannt hat, was eigentlich wichtig ist, aber doch Mühe hatte, es zu verstehen oder sich zu merken. Dies hat oft damit zu tun, dass man die Fülle von Informationen nicht genügend reduziert oder sich zu wenig eigene, weiterführende Gedanken macht. Schliesslich mangelt es oft auch am rechtzeitigen, mehrfachen und gezielten Wiederholen und Üben. Die Lernstrategien, die Sie im Folgenden kennen lernen, werden Sie besonders häufig in zwei typischen Lernsituationen anwenden: Notizen machen und Lesen von Texten. Für beide Situationen werden Sie mit speziellen Strategien vertraut gemacht. Sie werden dabei auch erkennen, dass beim Erwerben von Wissen eigentlich alle bisher in diesem Buch erarbeiteten Strategien ineinander fliessen.

Ebenfalls verwandt mit dem Verarbeiten von Informationen sind die zwei Situationen «eine schriftliche Arbeit verfassen» und «überzeugend präsentieren», zu denen Sie massgebliche Strategien kennen lernen.

6.1 Allgemeine Lernstrategien

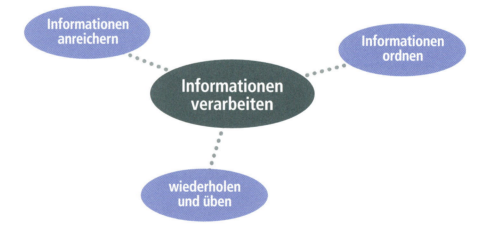

1 Informationen anreichern

Unter dem Anreichern von Informationen versteht man eine vertiefte Auseinandersetzung, die es ermöglicht, Neues besser mit Bekanntem verknüpfen zu können sowie Neues zu vertiefen, indem man intensiver darüber nachdenkt und sich gründlich damit beschäftigt, um es auch besser speichern und wieder abrufen zu können.

Gedankenstützen Bilden Sie einfache Gedankenstützen oder Aufhänger («Eselsbrücken»), um sich Fakten (z. B. Zahlen, Namen), Aufzählungen und einfachere Regeln besser merken zu können, die man entweder nicht weiter erklären kann oder muss oder die man als Hilfe zum Einstieg in ein Thema braucht, um nachher darüber mehr erzählen zu können.

- Bilden Sie ein neues Wort aus den Anfangsbuchstaben einer Liste von Wörtern (Begriffen, Merkmalen, Namen).
- Bilden Sie (oder übernehmen Sie vom Lehrer) einen kreativen Satz.
- Erfinden Sie (oder übernehmen Sie) einen Vers, ein Lied oder eine Geschichte.
- Hängen Sie in Gedanken Begriffe, Fakten oder einen Arbeitsablauf an Ihnen vertrauten Orten auf (z. B. in Ihrem Zimmer zu Hause), so dass Sie sich wieder daran erinnern können, wenn Sie sich diese Orte wieder vorstellen. So lassen sich auch ganze Geschichten entwickeln.
- Verwenden Sie Farben; ordnen Sie bestimmte Farben bestimmten Dingen (z. B. Arbeitsschritten) zu.

> **Beispiel: Gedankenstützen**
>
> 1 Nach r, l, n – das merke ja – schreib nie tz und nie ck.
> 2 Nach «si, nisi, ne und num», fällt das «ali» um!
> 3 Sicherung der Vertragserfüllung
>
> Thema: Die Sicherung der Vertragserfüllung
> Ziel: Die verschiedenen Arten der Vertragserfüllung kennen
>
> Ich stelle mir meine Wohnung geistig vor. Ich will im Wohnzimmer fernsehen und muss feststellen, dass ein grosses Vorhängeschloss samt Kette den Fernseher vollständig einhüllt. (Dies erinnert mich an das Thema: Sicherung der Vertragserfüllung.) Ich gehe aus dem Wohnzimmer und stelle fest, dass der ganze Wohnzimmerteppich mit Kaugummi verklebt ist (Kaution). Draussen im Gang stehen Konservendosen, an die ein Polizist Strafzettel fürs Falschparkieren klebt (Konventionalstrafe). Ich gehe in mein Zimmer und sehe, dass auf meinem Bett ein Beichtstuhl steht (Reuegeld). Vor meinem Büchergestell steht ein Glas-Recyclingbehälter (Retentionsrecht).
> Auf meinem eigenen Pult legt ein Huhn ein Ei (Eigentumsvorbehalt). Zudem zieht ein kleiner Junge alle Schubladen des Pultes auf (Zession).
> Beim Blick auf mein Radio stelle ich fest, dass es hin und her fährt (Fahrnispfand) und ein Loch in den Boden bohrt (Grundpfand). An meinem Fenster zeigen sich die Gesichter entsetzter Bürger (Bürgschaft), die dem Treiben ungläubig zusehen.

6 Informationen verarbeiten

Vertiefende Gedanken und innere Bilder

Vertiefen Sie die Informationen, die Sie verstehen wollen bzw. müssen, in Gedanken und inneren Bildern. Sich selbst Bilder zu machen ist dabei wirksamer, als einfach das zu übernehmen, was die Lehrperson, das Lehrbuch oder andere Schülerinnen und Schüler liefern. Dies schliesst aber nicht aus, dass man auch gemeinsam in der Lerngruppe weiterführende Gedanken und Bilder entwickelt. Wenden Sie die folgenden Strategien besonders an, wenn das, was Sie lernen sollen, für Sie recht kompliziert, abstrakt oder fremd ist und wenn es nicht schon sehr ausführlich und anschaulich erklärt ist. Auch wenn die Lehrperson im Unterricht sehr wenig erklärt, sind vertiefende Gedanken sehr wichtig. Ebenso gilt dies dann, wenn in Prüfungen ausführliche und auch eigenständige Lösungen verlangt werden oder wenn Sie wissen, dass es Ihnen in Prüfungen schwerfällt, eigene Gedanken zu entwickeln und so genannte «Denkfragen» zu lösen.

Je nach Thema, eigenen Bedürfnissen und Erfahrungen (z. B. Vorwissen) sowie Vorstellungsvermögen können Sie eine oder mehrere der folgenden Strategien anwenden.

- Umschreiben Sie den Stoff in eigenen Worten; erklären Sie jemandem, worum es geht. Üben Sie sich aber auch darin, die Fachbegriffe zu verwenden, um etwas zu erklären, sobald Sie sie verstanden haben.
- Reden Sie in Bildern über den Stoff, zeichnen Sie die Informationen (z. B. in einem Schema oder als Comic). Ihre inneren Bilder oder Filme sollten für Sie eindrücklich, lebhaft und bedeutsam sein und mit der zu erlernenden Information auch wirklich zu tun haben (eigene Erlebnisse, Vorstellungen und Wünsche eignen sich dazu besonders gut). Solche Bilder sind nicht zu verwechseln mit einfachen «Eselsbrücken» bei denen der Stoff nicht eigentlich verarbeitet, sondern nur äusserlich «aufgehängt» wird. Probieren Sie aus, ob Ihnen leichte, klassische Musik beim Entwickeln innerer Bilder hilft, verzichten Sie aber auf Musik, wenn Sie spüren, dass Ihre Konzentration darunter leidet.
- Suchen Sie Verwandtschaften und Analogien: das tönt ja wie …, das ist ja, wie wenn …, das sieht ja aus wie …
- Überlegen Sie sich, wie Sie etwas brauchen können, und wenden Sie es möglichst gleich an: Wie kann ich das in meinem Projekt gebrauchen? Das will ich im Betrieb gleich einmal ausprobieren, usw.
- Erfinden Sie eine Geschichte zum fraglichen Thema.
- Stellen Sie sich beim Lernen immer wieder vertiefende, zum Teil auch kritische Fragen, beispielsweise:
  – Was für eine Überschrift würde ich dazu formulieren?
  – Wie aktuell ist eine Publikation und das dazu verwendete Material? Aus welchem Blickwinkel argumentiert der Verfasser? Gibt es Sichtweisen des Problems, die nicht präsentiert oder diskutiert werden? Welche Annahmen trifft die Autorin? Bin ich auch dieser Auffassung? Warum, warum nicht? Was würde ich die Autorin gerne fragen? Wie werden die Informationen belegt?
  – Wie habe ich das bisher gemacht oder genannt? Wo habe ich Ähnliches gesehen oder gehört? Woran erinnert mich das? Wie haben wir

6.1 Allgemein

das in einem anderen Schulfach gemacht? Habe ich etwas Ähnliches auch schon erlebt oder gedacht? Fühle ich mich in etwas bestätigt oder muss ich mein Vorwissen (z. B. Begriff, Meinung) korrigieren?
- Lösen Sie weitere, unterschiedlich schwierige Übungsaufgaben.
- Suchen Sie nach weiteren Informationen: Blättern Sie im Buch weiter, lesen Sie in einem andern Buch, fragen Sie jemanden.
- Arbeiten Sie im Unterricht aktiv mit und stellen Sie Fragen.

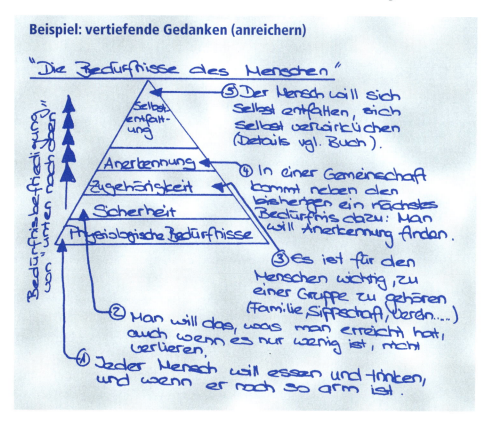

Beispiel: vertiefende Gedanken (anreichern)

2 Informationen ordnen

Informationen sollten Sie ordnen, um die Übersicht über neue Informationen zu verbessern, das Neue auf das Wesentliche zu reduzieren und es leichter aufnehmen, besser überblicken, speichern und abrufen zu können.

Um Informationen auf das Wesentliche zu reduzieren, fragen Sie sich, wie die Informationen geordnet sind und wie Sie diese Ordnung möglichst klar und verständlich darstellen können. Informationen ordnen können Sie aber nur, wenn Sie das Wesentliche einer Information auch erkennen. Drei Möglichkeiten werden hier erläutert: äussere Form der Information, sachlogische Struktur der Information, Kurzzusammenfassung.

Äussere Form als Ordnungsprinzip
Sie können Informationen nach ihrer äusseren Form ordnen, um sich einen besseren Überblick zu verschaffen und sich die Sache besser einzuprägen: alphabetische Reihenfolge (z.B. Namen), Grössenordnung (z.B. Zahlen, Gegenstände), Gruppen (z.B. Namen nach Geschlecht oder Herkunft),

6 Informationen verarbeiten

Wortarten (z. B. Substantive, Verben, Adjektive). Solche Ordnungen eignen sich eher dann, wenn es um viele einzelne Fakten geht, die Sie nicht weiter sachlogisch ordnen müssen, um sie zu verstehen oder sich zu merken.

Sachlogische Strukturen als Ordnungsprinzip

Ordnen Sie die Informationen strukturell nach ihrem sachlogischen, inneren Zusammenhang oder Aufbau, erstellen Sie also **Strukturen** (auch Schemata, Netzwerke, geistige Landkarten, Mindmaps nach T. Buzan, Gedächtniskarten usw. genannt), und zwar dem jeweiligen Inhalt und Ihren Bedürfnissen entsprechend. Ihre Strukturen werden unterschiedlich umfangreich und differenziert (verästelt) ausfallen, beispielsweise abhängig davon, wie gut für Ihre Zwecke die Information bereits strukturiert ist, wie umfangreich die Information ist oder wie viel Sie sich davon merken müssen. Je nachdem werden Sie darauf verzichten, die Information überhaupt weiter zu strukturieren, oder relativ leicht eine geeignete Struktur finden oder aber auch mehrere Versuche starten, bis Sie zu einer befriedigenden Struktur gelangen. Dabei kann es wohl passieren, dass Sie eine einmal entworfene Struktur erweitern, straffen oder grundsätzlich verändern.

Die folgende Tabelle zeigt Ihnen, was Sie sich beim Strukturieren fragen und wie Sie Strukturen bildhaft darstellen können. Beachten Sie aber:
- Das sind nicht die einzigen Möglichkeiten. Finden Sie weitere Möglichkeiten. Je persönlicher die Darstellungen sind, umso besser kann man sich oft die Informationen merken.
- Oft werden Sie auch mehrere Darstellungsformen gleichzeitig verwenden und kombinieren, z. B. ein Mindmap für den Überblick über ein grösseres Sachgebiet, einen Ablaufplan für ein kleines Teilgebiet.
- Sie können solche Strukturen auch in Gedanken, sozusagen vor dem geistigen Auge, entwerfen. Die Strukturen wirklich zu zeichnen und schriftlich festzuhalten fördert aber die Aufnahme und das Memorieren dieser Information, weil Sie so mit verschiedenen Eingangskanälen arbeiten. Wichtig ist dabei, dass Sie in Gedanken voll dabei sind und nicht einfach fleissig Schreibübungen machen.

Kurzzusammenfassungen

Informationen anzureichern und Strukturen zu erstellen führt oft zu ausführlichen Notizen, die als Zusammenfassungen bezeichnet werden. Es kann aber sehr hilfreich sein, Gehörtes, Gelesenes und ausführlich Notiertes auf das Allerwesentlichste zusammenzufassen. Wir sprechen hier von der Kurzzusammenfassung (im Gegensatz zur üblichen ausführlichen Mitschrift oder Zusammenfassung, erstellt beispielsweise bei der Lektüre eines Textes). Eine solche Kurzzusammenfassung kann Ihnen dazu dienen, etwas zu wiederholen (z. B. kurz vor einer Prüfung) oder sich zu zwingen, wirklich den Kern umfangreicher Informationen herauszuschälen. Beachten Sie Folgendes, wenn Sie eine Kurzzusammenfassung erstellen:
- Formulieren Sie möglichst in eigenen Worten, verwenden Sie aber die gängigen Fachbegriffe; erstellen Sie die Kurzzusammenfassung selbst.
- Halten Sie nur das Thema und die wichtigsten Hauptgedanken (Titel der Information, Regeln, Hauptargumente, Merkmale) fest. Unterstützende Einzelheiten (langatmige Definitionen, Erklärungen, Bei-

6.1 Allgemein

Nach welchem Prinzip ist die Information geordnet?	Fragen, um herauszufinden, wie etwas geordnet ist.	Wie lässt es sich übersichtlich darstellen?
■ Elemente, Merkmale	■ Woraus besteht etwas? Wie ist etwas zusammengebaut?	Liste, Diagramm, Disposition
■ Über-/Unterordnung	■ Was/wer ist übergeordnet? Was/wer ist untergeordnet? Welches sind die Hauptgedanken? Welches sind die unterstützenden Einzelheiten zu jedem Hauptgedanken?	Baum, Delta, Gedankennetz (Mindmap)
■ Vergleich/Beurteilung	■ Welche Gemeinsamkeiten/ Unterschiede bestehen? Nach welchen Gesichtspunkten kann man etwas beurteilen? Welche Elemente (Gegenstände, Strömungen, Lösungsalternativen usw.) sind zu vergleichen oder zu beurteilen	Matrix, Raster
■ Beziehungen	■ Wie stehen verschiedene Dinge miteinander in Beziehung? Was ist wovon abhängig?	Beziehungsnetz, grafische Darstellung
■ Reihenfolge, Ablauf	■ Was geschah Schritt für Schritt? In welcher Reihenfolge macht man etwas? Was folgt daraus?	Zeitgerade, Flussdiagramm, Ablaufplan
■ Kombination	■ Lässt sich die Information am besten ordnen, wenn ich verschiedene Darstellungen miteinander kombiniere?	

6 Informationen verarbeiten

Beispiel: Gedankennetz

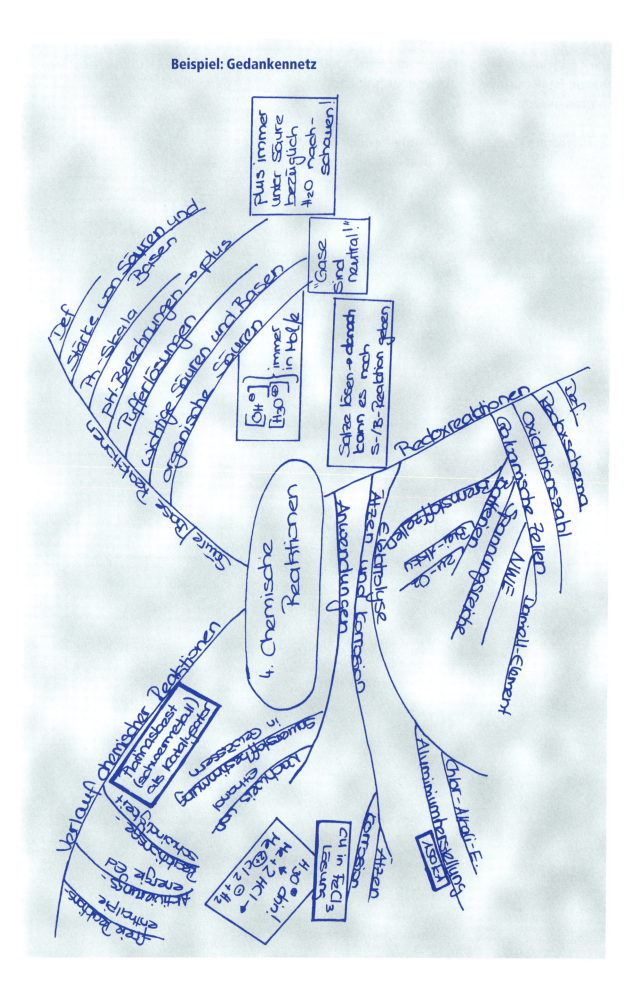

6.1 Allgemein

Beispiel: Beziehungsnetz

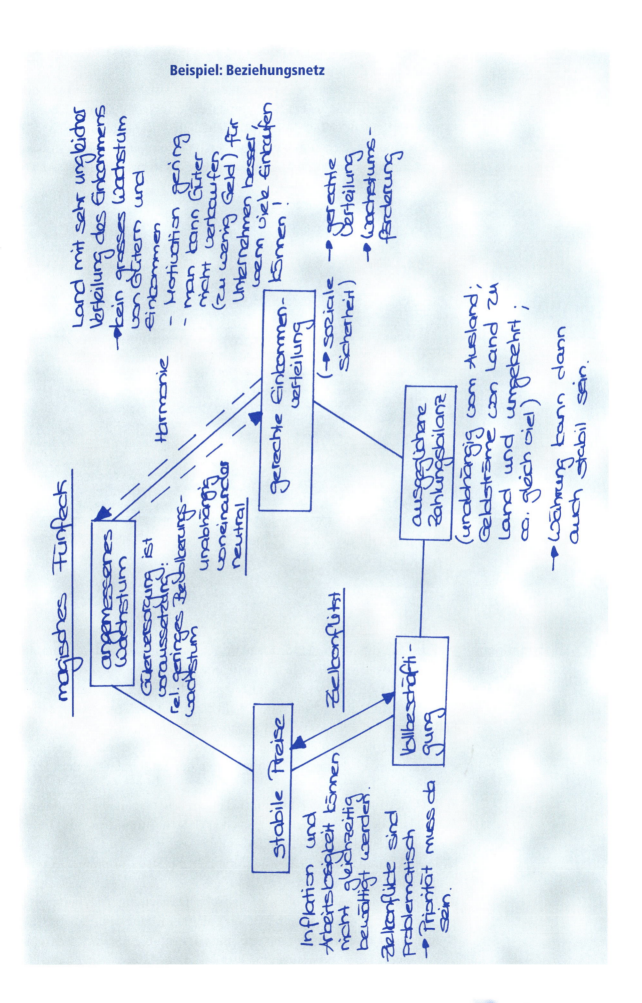

6 Informationen verarbeiten

spiele, Daten) gehören in der Regel nicht hier hin, sondern in eine ausführlichere Zusammenfassung.
- Halten Sie eine solche Zusammenfassung bewusst kurz, z. B. eine halbe Seite für zehn Seiten Text. Sie kann dabei verschiedene Formen annehmen: fortlaufender Text, Stichworte, schematische Darstellung. Sehr hilfreich kann es auch sein, eine eben erstellte umfangreichere Struktur (z. B. ein Mindmap) nochmals in wenigen Sätzen zusammenzufassen.

Beispiel: Kurzzusammenfassung

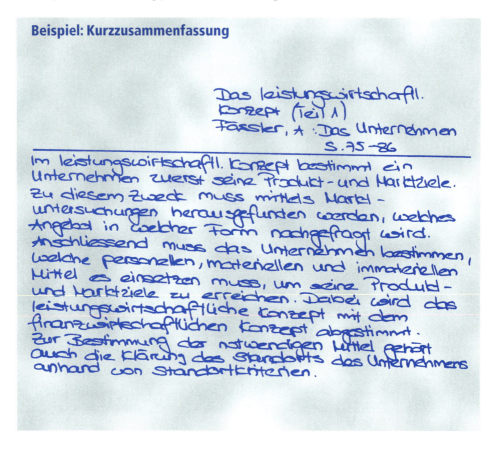

«Informationen ordnen» gezielt anwenden

Wenden Sie die Strategie «Informationen ordnen» besonders dann an, wenn Sie etwas lernen wollen, das für Sie noch zu wenig geordnet und überblickbar ist, oder wenn es für Sie zu ausführlich dargestellt ist, also wenn Sie «vor lauter Bäumen den Wald nicht mehr sehen». In folgenden Fällen kann das Ordnen von Informationen hilfreich sein:
- Im Unterricht erzählt die Lehrperson sehr viel, verfolgt dabei aber keine klare Ordnung und hält wenig an der Tafel oder auf dem Hellraumprojektor fest.
- Im Unterricht wird viel diskutiert, die Lehrperson hält aber wenig fest.
- Die Lehrperson zeichnet zwar selbst viele Strukturen, diese sind Ihnen aber zu kompliziert oder unklar.
- Das Lehrmittel enthält kaum oder gar keine Strukturen und Zusammenfassungen.
- In Prüfungen werden oft schematische Darstellungen, Übersichten usw. verlangt, die im Unterricht aber nicht erarbeitet wurden.
- Sie wissen aus Erfahrung, dass es Ihnen in Prüfungen schwer fällt, eine Aufgabe knapp und übersichtlich zu lösen.

6.1 Allgemein

3 Wiederholen und üben

«Wiederholen» sollten Sie, damit Sie das Wissen, das Sie erworben haben, möglichst gut und so lange im Gedächtnis behalten, wie Sie es auch wissen wollen oder müssen. Sehr oft sind Sie in der Situation, dass Sie etwas mindestens bis zu einer kleineren oder aber auch grossen Prüfung behalten müssen. Vieles sollten Sie aber auch nach einer einzelnen Prüfung noch wissen und wesentlich länger behalten, weil Sie es für den darauf aufbauenden Unterricht brauchen und am Arbeitsplatz oder im Privatleben anwenden können. «Wiederholen» und «Üben» hängen mit dem Anreichern und Ordnen von Informationen eng zusammen. «Üben» ist eine besondere Form des Wiederholens, mit der Sie die Fertigkeit in einem Gebiet festigen und erhöhen. Zusätzlich erreichen Sie, dass Sie etwas auch in verschiedenen Situationen anwenden können.

Mit welchem Ziel wiederholen und üben? Damit Sie zielorientiert wiederholen und üben, sollten Sie sich überlegen, welche Anforderungen im Unterricht und in Prüfungen an Sie gestellt werden. Fragen Sie sich etwa:
- Ist eine konkrete Hausaufgabe gestellt worden?
- Muss ich nur die Hauptgedanken oder auch Einzelheiten wissen?
- Muss ich den Inhalt nur verstanden haben oder wirklich auswendig wiedergeben können?
- Muss ich Probleme bearbeiten können?
- Muss ich etwas nur wiedererkennen oder auch selbst erklären können?
- Ist eine unangesagte Prüfung zu erwarten?

Zeit		Kapitel 1	Kapitel 2	Kapitel 3
Mo	20.00–21.00	lesen, gründlich wiederholen		
Di	17.45–18.00	zusammenfassend wiederholen		
	20.00–21.00		lesen, gründlich wiederholen	
Mi	19.45–21.00	← zusammenfassend wiederholen →		
				lesen, gründlich wiederholen
Do	19.45–21.00	←	gründlich wiederholen	→
Fr	06.30–06.45	←	zusammenfassend wiederholen	→

6 Informationen verarbeiten

- Baut die folgende Unterrichtsstunde auf dem bisher Behandelten auf?
- Fragt die Lehrperson mündlich ab?

Zusammenfassend und gründlich wiederholen

Wechseln Sie zwischen gründlichem und zusammenfassendem Wiederholen ein oder mehrmals ab und wiederholen Sie auch immer wieder Dinge, die länger zurückliegen, wenn Sie diesen Stoff weiterhin brauchen (z. B. Wörter). Sie bleiben damit in der Übung.

zusammenfassend wiederholen
- Dauer: kurz, in der Regel fünf bis 30 Minuten pro Lerneinheit oder Fachgebiet
- typische Anwendungssituationen: Einstieg in neue Erarbeitungsphase, Einstimmung auf nächste Unterrichtsstunde, Abschluss der Prüfungsvorbereitung, umfangreichere Information (z. B. Fachaufsatz) im Hinblick auf eine Projektarbeit im Überblick einprägen
- die Hauptgedanken (das Wesentliche) als Rückblick kurz überfliegen und evtl. laut nennen (z. B. die wichtigsten Punkte)
- Schwieriges nochmals leise oder laut lesen
- zusätzliche Gedanken anstellen und notieren

gründlich wiederholen
- Dauer: wenige Minuten bis mehrere Stunden pro Fach
- typische Anwendungssituationen: erstmaliges «Einprägen» während der intensiven Prüfungsvorbereitung in überschaubaren «Portionen», intensives Wiederholen grösserer Einheiten während und gegen Ende der Prüfungsvorbereitung
- alles Wesentliche ausführlich erzählen (sich selbst oder jemand anderem), z. B. anhand einer vorher erstellten Struktur oder anhand von Schlüsselwörtern oder Fragen, die Sie in einem Text angebracht haben (s. Notizen machen, Lesen)
- das Wesentliche nochmals in einer Struktur darstellen
- alle wichtigen Fakten abfragen (laut oder leise)
- einen besonders komplizierten Sachverhalt auswendig darstellen oder nochmals notieren
- die weiterführenden Gedanken, die Sie zum Anreichern der Informationen entwickelt haben, nochmals durchgehen
- weitere Fragen zum Stoff entwickeln und mögliche Antworten formulieren
- offene Fragen klären, Notizen ergänzen
- Schwieriges nochmals lesen
- Übungsaufgaben nochmals lösen und Lösungsgeschwindigkeit erhöhen, auch neue, unterschiedliche Aufgaben lösen

Laufend und rechtzeitig wiederholen

Wiederholen Sie auch, wenn kein Auftrag dazu erteilt wurde. Nach Möglichkeit sollten Sie nicht erst kurz vor einer Prüfung wiederholen, sondern möglichst rasch nach dem Unterricht oder nachdem Sie etwas studiert haben und dann nochmals kurz vor dem Unterricht oder bevor Sie etwas

6.1 Allgemein

Neues erarbeiten. So bleibt mehr hängen, Sie nehmen Neues besser auf und gehen viel ruhiger an die Prüfungsvorbereitung. Bilden Sie vernünftige «Portionen». Es gibt Lernende, die lesen viele Seiten, ohne zwischendurch anzuhalten und zu wiederholen. Damit bleibt viel weniger hängen, als wenn Sie nach jeder überschaubaren Portion wiederholen. Je schwieriger und je unbekannter etwas für Sie ist, umso kleiner werden diese Portionen sein und umso häufiger werden Sie für eine Wiederholung anhalten. Allerdings dürfen Sie den Stoff auch nicht so zerhacken, dass Sie den Zusammenhang gar nicht mehr sehen. Wiederholen Sie begleitend, d. h. auch während des prüfungsfreien Schulbetriebs, denn so bleibt mehr «hängen». Ausserdem nehmen Sie Neues besser auf und gehen viel ruhiger an die Prüfungsvorbereitung.

Zeit planen Fragen Sie sich auch, wie viel Zeit Sie für das Wiederholen einsetzen können und ob sich bei Zeitknappheit das Wiederholen eventuell auf später verschieben lässt. Es ist ja kaum möglich, immer in allen Schulfächern gründlich auf dem Laufenden zu sein.

Arbeitsvorschläge

6.1.1 Suchen Sie in einem Lehrbuch einen Abschnitt, bei dem Sie finden, er sei unübersichtlich abgefasst. Ordnen Sie den Inhalt, indem Sie eine Struktur zeichnen.

6.1.2 Lesen Sie den folgenden Text und entwerfen Sie eine geeignete stichwortartige Struktur.

Interessengemeinschaft

Unter einer **Interessengemeinschaft** versteht man einen Zusammenschluss von Unternehmungen auf meist horizontaler Ebene und auf vertraglicher Basis. Die Unternehmungen bleiben sowohl rechtlich als auch wirtschaftlich selbständig, mit Ausnahme des Bereichs der konkreten Zusammenarbeit, in dem die Entscheidungsfreiheit eingeschränkt ist. Als rechtliche Form eignet sich die einfache Gesellschaft.

Kartell und Interessengemeinschaft verfolgen grundsätzlich die gleichen Ziele, nämlich die Erhaltung oder die Erhöhung der Rentabilität der darin zusammengeschlossenen Unternehmungen. Sie unterscheiden sich aber dadurch voneinander, dass sie dieses Ziel durch unterschiedliche Massnahmen erreichen wollen. Während beim Kartell eine Beeinflussung der Rentabilität der Mitglieder durch Wettbewerbsbeschränkungen erreicht werden soll, stehen bei der Interessengemeinschaft die gemeinsame Durchführung bisher getrennt wahrgenommener Aufgaben (z.B. Forschungs- und Entwicklungsaufgaben) im Vordergrund. Je nach Intensität der Zusammenarbeit der Unternehmungen einer Interessengemeinschaft ist jedoch der Übergang vom Kartell zur Interessengemeinschaft fliessend, da vertragliche Absprachen zur Verfolgung gemeinsamer Interessen oft zur Beeinflussung des Wettbewerbs führen und damit einem Kartell sehr nahe kommen.

Häufig wird bei einer Interessengemeinschaft ein sogenannter Gewinnpool gebildet, aus dem der gemeinsam erwirtschaftete Gewinn (oder Verlust) nach bestimmten Kriterien (z.B. Kapital, Umsatz) verteilt wird. Manchmal wird auch eine Verwaltungsgemeinschaft bestellt, der Führungskräfte der beteiligten Unternehmungen angehören, welche für die Entscheidungen auf dem Gebiet der Zusammenarbeit zuständig sind.

(Quelle: Thommen, J. P.(2002). *Betriebswirtschaftslehre* (5. Aufl.). Zürich: Versus, S. 90/91)

6 Informationen verarbeiten

6.1.3 Wenn Sie in einem Fach eine Prüfung vorbereiten, bei der Sie finden, der Stoff sei sehr umfangreich, erstellen Sie auf einem Blatt Format A4 eine Übersicht über das Wesentliche in Form eines Netzes (Mindmap).

6.1.4 Nehmen Sie einen Zeitungsartikel (Sport, Unterhaltung, Wirtschaft usw.), decken Sie die fett gedruckte Einleitung dieses Artikels ab, lesen Sie den Text und schreiben Sie eine Zusammenfassung in wenigen Sätzen. Vergleichen Sie Ihre Zusammenfassung mit jener im Zeitungsartikel.

6.1.5 Fassen Sie für eine Mitschülerin, die in der letzten Schulstunde gefehlt hat, in wenigen Sätzen zusammen, was behandelt wurde.

6.1.6 Nehmen Sie einen Begriff, eine Definition oder eine Formel, die Ihnen «Mühe» macht. Formulieren Sie Fragen, die Sie sich stellen könnten, um die Sache besser zu begreifen, und suchen Sie die Antworten, indem Sie mit einem Mitschüler darüber sprechen.

6.1.7 Suchen Sie in einem Fach ein grundsätzliches Schema, das Sie immer wieder brauchen, um eine Aufgabe oder ein Problem zu lösen (z. B. Bilanzschema in der Buchhaltung, einfacher Wirtschaftskreislauf in der Wirtschaftskunde). Halten Sie fest, in welchen Schritten Sie ein solches Schema wiederholen und üben.

6.1.8 Dieses Kapitel ist recht umfangreich. Erstellen Sie sich eine Zusammenfassung in Form eines Gedankennetzes.

Selbstkontrolle → Leitfragen S. 11

6.2 Notizen machen

Worum geht es?

Notizen zu machen und dabei gezielt Strategien einzusetzen verschafft Ihnen einen mehrfachen Nutzen:
- Sie können das, was Sie lesen, hören und beobachten, unmittelbar besser verstehen, oder das schneller erkennen, was Sie noch nicht verstehen.
- Sie können sich besser an das, was Sie gelesen, gehört und verarbeitet haben, erinnern, und dies selbst dann, wenn das Notizenmachen schon weit zurückliegt. Sie können also das Behalten verbessern und das Vergessen reduzieren.
- Sie können die Konzentration bei der Informationsaufnahme und -verarbeitung erhöhen, indem Sie rein äusserlich aktiver sind und Ihre Gedanken zusätzlich aktivieren, sozusagen von der Hand in den Kopf und zurück.

Notizen machen ist keine Technik, die Sie mechanisch anwenden können, sondern eine Strategie, die Sie bewusst und flexibel einsetzen sollten. Das eigentliche Notizenmachen ist dabei nur eine Phase. Es gehört ebenso dazu, dass Sie sich darauf vorbereiten und die Notizen auch nachbearbeiten. Nur so wird diese Strategie zu einem Hilfsmittel, Informationen wirklich zu verarbeiten.

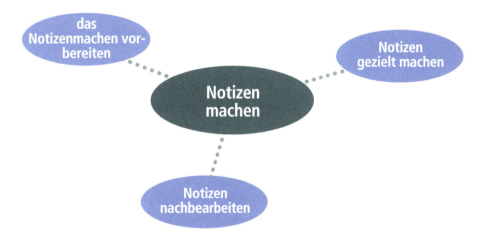

1 Das Notizenmachen vorbereiten

Lernsituation einschätzen Bevor Sie Notizen anlegen können, müssen Sie die Lernsituation einschätzen. Das erleichtert Ihnen zu entscheiden, was und wie Sie notieren sollen. Stellen Sie sich folgende Fragen:
- Welche Art von Stoff wird erarbeitet: Übersetzungen (Sprachen), Texte analysieren (Literaturunterricht), Zahlen und grafische Darstellungen (Mathematik, Buchhaltung), Überblicks- und Begriffswissen (Geografie, Betriebskunde) usw.?
- Wird neuer Stoff erarbeitet? Werden Aufgaben gelöst? Wird diskutiert? Wird in Gruppen gearbeitet? Muss ich selbständig arbeiten?

6 Informationen verarbeiten

- Muss ich nur die grossen Zusammenhänge, die Hauptgedanken oder auch viele Einzelheiten wissen? Muss ich den Inhalt nur verstanden haben oder wirklich auswendig wiedergeben können?
- Wie ausführlich und gut strukturiert sind die Notizen der Lehrperson? Diktiert sie das Wesentliche?
- Wie ist das Lehrbuch gestaltet (eher in der Art eines Arbeitsbuches oder als «Lesebuch»; dicht gedrängt gedruckt oder locker mit Lücken oder breitem Rand aufgemacht)?
- Wird mit Arbeitsblättern gearbeitet?
- Lässt die Lehrperson es frei, ob ich ein Heft oder lose Blätter führe?

Aber auch während Sie Notizen machen, prüfen Sie immer wieder, ob die Lernsituation noch gleich ist oder ob Sie Ihre Strategie ändern müssen, weil sich die Situation ändert. So kann es z. B. vorkommen, dass im Frontalunterricht die Lehrperson deutlich macht, was zu notieren ist, während sie in einer Gruppenarbeit und nachfolgenden Auswertung selbst entscheiden müssen, was Sie notieren müssen. Oft passiert es auch, dass die Lehrperson in der zweiten Hälfte einer Lektion kaum mehr Notizen an der Tafel macht, weil die Zeit drängt. Also heisst es wieder, selbständig Notizen machen.

Wo notieren? Nachdem Sie die Lernsituation eingeschätzt haben, können Sie situationsgerecht entscheiden, wo Sie Ihre Notizen festhalten wollen.

Notizen am richtigen Ort festhalten

Wo?	In welcher Situation?
Buch	Das Buch ist als Arbeitsbuch aufgemacht, es ist viel freier Platz (breiter Rand, Lücken) vorhanden.
Buch + Einzelblatt/Heft als Ergänzung	Das Buch wird im Unterricht häufig und als roter Faden verwendet, es werden aber viele Ergänzungen und Übungen erarbeitet.
Heft oder Einzelblatt	Das Buch wird nur ergänzend eingesetzt oder es wird gar kein Buch verwendet.
Karteikarten oder Merkzettel	Sie dienen als Ergänzung zu anderen Hilfsmitteln, um Einzelaspekte (z. B. Begriffe, Formeln, Wörter) festzuhalten.

Am häufigsten werden Sie Notizen sowohl auf gedruckten Unterlagen als auch im Heft bzw. auf Einzelblättern festhalten, wobei je nach Situation

6.2 Notizen machen

das eine oder das andere im Vordergrund stehen wird. Zu aufwendig ist es, wenn Sie vieles handschriftlich nochmals festhalten, das in gedruckter Form schon bestens aufbereitet vorliegt. Spätestens wenn Sie – etwas selbstkritisch – feststellen, dass Sie Dinge nur nochmals handschriftlich festhalten, weil Sie das Gefühl schätzen, fleissig zu sein, sollten Sie Ihre Gewohnheit überdenken. Wenn Sie jedoch die Erfahrung machen, dass es Ihr aktives Lernen unterstützt, möglichst vieles handschriftlich zusammenzufassen und alles an einem Ort auf Papier zu haben, auch wenn es in gedruckter Art bereits gut aufbereitet ist, dann bleiben Sie bei dieser Praxis. Behelfen Sie sich aber z. B. mit Verweisen auf Originalmaterial, die Sie in Ihren Handnotizen anbringen, so dass Sie dieses nicht nochmals abschreiben müssen.

Material vorbereiten   Bereiten Sie das notwendige Material vor und halten Sie es rechtzeitig bereit.

- Wählen Sie im Heft oder auf Einzelblättern eine sinnvolle Blatteinteilung. Grundsätzlich soll sowohl für die eigentlichen Notizen als auch für die Nachbearbeitung der Notizen genügend Raum zur Verfügung stehen. Für viele Schulfächer empfehlenswert ist die folgende Blatteinteilung. Handhaben Sie aber jede Form flexibel. Ein Rand darf auch überschritten werden, wenn eine Skizze mehr Platz beansprucht!
- Beschriften Sie Einzelblätter mit Datum, Fach und Seitenzahl.
- Schreiben Sie nur auf die Vorderseite von Einzelblättern. Das ist zwar kostspieliger. Sie erhöhen damit aber die Übersicht und haben genügend Platz für Ergänzungen.
- Überfliegen Sie möglichst kurz vor Beginn des Unterrichts die Notizen der letzten Unterrichtsstunde nochmals oder blättern Sie im Buch schon etwas weiter.

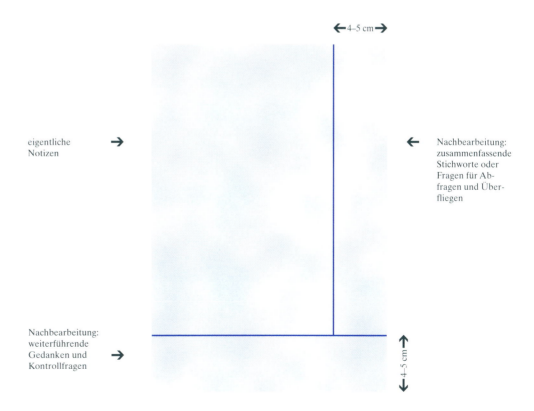

6 Informationen verarbeiten

2 Notizen gezielt machen

Wesentliches festhalten Halten Sie das Wesentliche dessen, WAS Sie hören, lesen oder beobachten, fest. Ihre Notizen sollten Ihnen Auskunft geben über das jeweilige Thema, die Hauptgedanken und die wichtigsten unterstützenden Einzelheiten (vgl. 5 «Wesentliches erkennen»). Nebensächliches können Sie weglassen. Ergänzen Sie all dies durch eigene Gedanken (z. B. Meinungen, offene Fragen, Hinweise). Da es aber besonders im Unterricht oft schwierig ist zu entscheiden, was nun wirklich wesentlich ist, notieren Sie besser zu viel als zu wenig. Sie können bei der Nachbearbeitung ihrer Notizen immer noch Dinge streichen. Denken Sie aber beim Notieren aktiv mit. Sie vermeiden damit, sozusagen wie ein Stenograf einfach alles mitzuschreiben.

Wie festhalten Beachten Sie zur Frage, WIE Sie notieren sollen, Folgendes:
- Notieren Sie in der Regel Stichworte (Nomen, Verben, Adjektive, Zahlen, Namen usw.) oder einfache Sätze. Wortwörtlich bzw. präzis sollten Sie aber Definitionen, Formeln, Übersetzungen, geometrische Darstellungen und Berechnungen notieren. Notieren Sie eher zu viel als zu wenig.
- Verwenden Sie Schreib- bzw. Lesehilfen:

- Verschiedene Farben (z. B. in grafischen Darstellungen, für Titel, eigene Gedanken, Beispiele)
- Abkürzungen (allgemein übliche und persönliche)
- Nummerierungen
- Hinweise wie z. B.

?	=	unklar
!	=	wichtig
F	=	Frage
Z	=	Zusammenfassung
M	=	persönliche Meinung
B	=	Beispiel
D	=	Definition

- Übernehmen Sie die Notizen der Lehrperson als Gerippe und fügen Sie wo nötig Ergänzungen an. Übernehmen Sie gleich die Strukturen, die im Unterricht erarbeitet und an der Tafel oder auf dem Hellraumprojektor festgehalten werden. Werden solche Strukturen nicht sichtbar, dann schreiben Sie einen fortlaufenden, stichwortartigen Text und gliedern Sie dabei, so gut es geht. Sprachliche Hinweise der Lehrperson (z. B. erstens, zweitens, …; einerseits, … andererseits) oder die Gliederung im Lehrbuch können dabei helfen.
- Denken Sie beim Notieren mit:
  – Denken Sie voraus und zurück; ergänzen Sie; halten Sie weiterführende Gedanken fest.

6.2 Notizen machen

- Seien Sie nicht zu kritisch. Halten Sie etwas fest, auch wenn Sie anderer Meinung sind.
- Stellen Sie Fragen, wenn etwas nicht lesbar oder unklar ist und wenn Lehrperson oder Mitschüler zu schnell oder undeutlich sprechen.

3 Notizen nachbearbeiten

Mit dem Notieren im Unterricht oder beim Selbststudium ist Ihre Arbeit noch nicht erledigt. Notizen müssen ergänzt und überarbeitet werden.

Vervollständigen Vervollständigen Sie Ihre Notizen, wenn Sie noch Lücken und Unklarheiten haben (z. B. mit Notizen der Mitschüler vergleichen, jemanden fragen, in einem Buch nachschlagen). Tun Sie das so rasch als möglich, idealerweise gleich nach dem Unterricht oder vor der nächsten Schulstunde. Oft wird es aber auch erst während der Prüfungsvorbereitung möglich sein, und manchmal braucht es sogar den «Mut zur Lücke». Schreiben Sie in der Regel nicht nochmals das Ganze ins Reine.

6 Informationen verarbeiten

Überarbeiten Überarbeiten Sie Ihre Notizen, indem Sie sie anreichern, ordnen und so den Stoff wiederholen. Reicht der Platz nicht aus, so empfiehlt es sich, ein Zusatzblatt, einen Klebezettel oder die Rückseite eines Notizblattes zu benutzen.

- Lesen Sie die Notizen nochmals durch, und verbessern Sie Strukturen, die noch unklar sind.
- Bestimmen Sie zusammenfassende Schlüssel- oder Schlagwörter und Fragen, und notieren Sie diese am Rand oder markieren Sie diese im Text.
- Setzen Sie «Signale» (Ausrufezeichen, Fragezeichen, Zahlen, Farbmarkierungen usw.) ein.
- Halten Sie vertiefende, anreichernde Gedanken (Beispiele, Argumente, mögliche Kontrollfragen usw.) fest.
- Fassen Sie Ihre Notizen kurz in ein paar Stichworten oder Sätzen zusammen oder erstellen Sie eine zusammenfassende Struktur (z. B. Mindmap).

Nochmals durchgehen Und wenn Sie die Notizen überarbeitet haben, gehen Sie sie gleich nochmals durch, bevor Sie sie weglegen. Das kann während einer Prüfungsvorbereitung heissen, dass Sie den Stoff bereits prüfungsreif erarbeiten, oft wird das aber nur bedeuten, den Stoff für den Unterricht so weit zu verarbeiten, dass Sie den folgenden Stoff besser einordnen und verstehen können (s. «Wiederholen»). Eine praktische Hilfe dafür ist die Stichwortspalte am Blattrand: Decken Sie die eigentlichen Notizen ab und versuchen Sie, anhand der sichtbaren Stichworte den Inhalt Ihrer Notizen zu erzählen. In einer zweiten Phase decken Sie auch die Stichworte ab und wiederholen diese Stichworte.

Mit Lesestrategien verknüpfen Weitere, differenziertere Hinweise zum Nachbearbeiten der Notizen finden sich in 6.3 «Lesen».

6.2 Notizen machen

Beispiel: Auszug aus Heftnotizen mit Nachbearbeitung

Wahl der Rechtsform

```
        Haftung/Risiko
       ↙            ↘
Steuerliche  Rechtsform?  Kapitalbedarf
Belastung ←――――――――――→
```
3 wichtige Wahlkriterien

Die 3 Kriterien sind bei der Wahl der Rechtsform von zentraler Bedeutung.

Bei den Rechtsformen kann man unterscheiden zwischen Rechtsgemeinschaften und Körperschaften.

Rechtsgemeinschaft / Körperschaft

Rechtsgemeinschaft	Körperschaft
Personenabhängigkeit	Personenunabhängigkeit
Haftung der Gesellschafter	Haftung der Gesellschaft
keine juristische Person	juristische Person
Einstimmigkeitsprinzip	Mehrheitsprinzip
Bsp. einfache Gesellschaft, Kollektivgesellschaft, Kommanditgesellschaft	Bsp. Aktiengesellschaft, GmbH, Genossenschaft

Unterscheidungsmerkmale

Beispiele

In der Schweiz dominiert die Rechtsform der Aktiengesellschaft.

Schweiz

Weshalb gibt es in der Schweiz soviele Aktiengesellschaften?

Was versteht man unter einer juristischen Person?

6 Informationen verarbeiten

Arbeitsvorschläge

6.2.1 Machen Sie mit einer Mitschülerin ab, in einer Schulstunde Notizen zu machen. Wählen Sie sich eine der folgenden Situationen aus:

- eine Lehrperson, die sehr wenig an der Tafel oder am Hellraumprojektor notiert, aber viel vorträgt
- eine Lehrperson, die viel und gut strukturiert
- eine Gruppenarbeit

Vergleichen Sie Ihre Notizen, nachdem Sie sie bereits nachbearbeitet haben.

6.2.2 Probieren Sie die hier empfohlene Blatteinteilung aus. Wie gut bewährt sie sich in den einzelnen Fächern?

6.2.3 Üben Sie sich im Schnellschreiben (Stichworte, Abkürzungen).

6.2.4 Folgende Situation: Sie haben die Hausaufgaben schriftlich gemacht. Im Unterricht werden sie nun besprochen. Da in Ihrer Lösung nicht alles zutrifft, machen Sie während der Besprechung ergänzende Notizen. Vergleichen Sie diese Notizen mit jenen eines Mitschülers.

6.2.5 Vergleichen Sie Ihre Notizen in drei unterschiedlichen Fächern (z. B. Englisch, Wirtschaftsfächer, Mathematik):
- Wie gehen Sie in der Regel beim Notieren vor?
- Wie sehen Ihre Notizen aus?
- Welche Gemeinsamkeiten bzw. Unterschiede stellen Sie fest? Welche Gründe gibt es dafür?
- Was hat sich an Ihrer Notiztechnik bewährt, was hat sich nicht bewährt?
- Vergleichen Sie Ihre Feststellungen mit einem Klassenkollegen oder einer Klassenkollegin.

Selbstkontrolle → Leitfragen S. 11

6.3 Lesen

Worum geht es?

Sie haben ein Fülle von Informationen mittels Lesen aufzunehmen und zu verarbeiten. Haben Sie sich auch schon gefragt, wie viele Seiten Text Sie in einer Stunde eigentlich lesen können sollten? Haben Sie auch schon nach einer Technik gesucht, mit der Sie Informationen doppelt oder gar zehn Mal so schnell lesen könnten? Mussten Sie sich auch schon darüber ärgern, dass Sie einen längeren Text Seite für Seite gründlich gelesen und fortlaufend sehr vieles markiert haben und erst am Schluss entdeckt haben, dass sich auf der letzten Seite eine äusserst treffende Zusammenfassung befand, die Sie besser gleich zu Beginn gelesen hätten? Überlegen Sie sich beim Lesen von Texten eigentlich zu Beginn, wozu Sie diesen Text lesen wollen oder müssen?

Diese Fragen sollen andeuten, dass es wie beim Notizenmachen auch beim Lesen darum geht, nicht einfach eine bestimmte Technik anzuwenden, sondern strategisch, d.h. bewusst, gezielt und flexibel vorzugehen. Auch bei den Lesestrategien lassen sich die drei Phasen Vorbereitung, Durchführung und Nachbearbeitung unterscheiden. Sie werden dabei auch erkennen, dass die allgemeinen Strategien zum Informationenverarbeiten sowie jene zum Notizenmachen hier ihre praktische Anwendung finden.

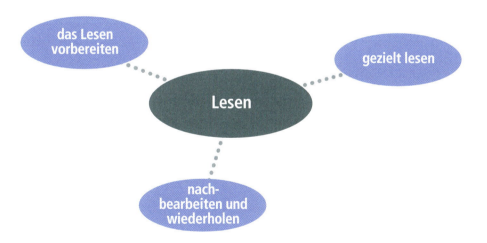

1 Vor dem Lesen: das Lesen vorbereiten

Bevor Sie mit Lesen eines Textes beginnen, sollten Sie die **Lernsituation** einschätzen, um die richtige Lesestrategie zu wählen. Oft ist Ihnen von Anfang an vieles klar, manchmal müssen Sie sich aber auch sehr genau überlegen, wie Sie beim Lesen überhaupt vorgehen sollen. Stellen Sie von Fall zu Fall die eine oder andere der folgenden Überlegungen an.

6 Informationen verarbeiten

Wozu? Überlegen Sie sich, wozu Sie einen Text lesen wollen bzw. müssen: Vorbereiten auf den Unterricht, eine Hausaufgabe lösen, Prüfung vorbereiten, Bearbeiten eines Auftrags/Projekts.

Wie gründlich? Eng mit dem Ziel hängt die Frage zusammen, wie gründlich Sie etwas lesen sollen.
- Ist das, was ich lesen muss, sehr wichtig oder nur eine Ergänzung? Wird das, was ich lesen muss, auch geprüft? Wie wird geprüft? Muss ich nur die grossen Zusammenhänge, die Hauptgedanken oder auch viele Einzelheiten wissen? Muss ich den Inhalt nur verstanden haben oder wirklich wiedergeben können?
- Will ich nur einen Überblick gewinnen oder muss ich etwas auch gründlich verarbeiten?
- Suche ich in einem Text nur etwas Bestimmtes und muss nur prüfen, ob ich noch etwas Zusätzliches erfahren kann?

Textart Überlegen Sie kurz, um welche Art von Text es sich handelt:
- Ist es ein Lehrbuchtext, Zeitungstext, Sachtext, ein literarischer Text, oder sind es eigene Unterrichtsnotizen? Enthält der Text viele Formeln, Berechnungen und geometrische Zeichnungen oder vor allem gedruckten Text?
- In welches Fachgebiet gehört der Text (z. B. Buchhaltung, Mathematik, Literatur, Geschichte)?
- Wie umfangreich und wie schwierig ist der Text?

Sich einstimmen Stimmen Sie sich auf das Lesen ein und bereiten Sie das notwendige Material vor.
- Setzen Sie einen zeitlichen Rahmen. Dieser hängt von verschiedenen Faktoren ab: verfügbare Zeit, Zweck der Lektüre, Art des Textes, Ihr Lesetempo, notwendige Lesestrategie.
- Setzen Sie sich zum Ziel, innerhalb einer bestimmten Zeit einen bestimmten Textumfang zu bewältigen, sofern Sie bereits Erfahrung damit haben, wie rasch Sie diese Art von Text wirklich verarbeiten können. Seien Sie aber während des Lesens flexibel und halten Sie sich nicht einfach an die geplante Zeit, wenn Sie feststellen müssen, dass Sie für einen Abschnitt mehr Zeit brauchen, um den Stoff wirklich zu verstehen.
- Suchen Sie sich, soweit möglich, einen geeigneten Ort (in der Schule, auf dem Arbeitsweg oder am Arbeitsplatz zu Hause oder im Betrieb).
- Wählen Sie nach Möglichkeit einen Zeitpunkt, zu dem Sie sich gut auf das Lesen konzentrieren können.
- Legen Sie auch das notwendige Schreibmaterial für Notizen bereit.
- Konzentrieren Sie sich und nehmen Sie eine aufrechte Körperhaltung ein.

2 Während des Lesens: gezielt lesen

Überblick verschaffen

Bevor Sie mit dem eigentlichen Lesen beginnen, sollten Sie sich einen Überblick verschaffen. So erreichen Sie, dass Sie die Struktur und den Inhalt des Textes grob erkennen und entscheiden können, ob und wie Sie gleichzeitig Notizen machen wollen (z.B. Randbemerkungen, Markierungen, Zusammenfassung auf einem Beiblatt). Zudem erkennen Sie, ob Sie die Informationen eher anreichern oder eher ordnen müssen oder ob Sie beides gleichzeitig tun sollten.

Um sich einen Überblick zu verschaffen, **prüfen Sie, welche Teile der Text enthält.** Je nach Art und Länge des Textes können das sein: Titel, Untertitel, Titel von Abbildungen, Einleitung, Hauptteil, Zusammenfassung, Angaben zum Autor, Vorwort, Inhaltsverzeichnis, Aufgaben, Hinweise auf weiterführende Literatur, Begriffsverzeichnis (Glossarium), Lösungen zu den Aufgaben, Sach- und Personenregister, Literaturverzeichnis.

Überfliegen

Nachdem Sie sich einen Überblick verschafft haben, lesen oder überfliegen Sie, abgestimmt auf Ihre Überlegungen vor dem Lesen (Lesesituation) und soweit vorhanden, Folgendes:
- Bei kürzeren Texten Titel, Untertitel, Titel von Abbildungen, Angaben zum Autor und zur Quelle, bei längeren Texten besonders die Einlei**tung oder den ersten Abschnitt sowie die Zusammenfassung, die Lern**ziele und Fragen bzw. die Aufgaben am Ende eines Abschnitts oder Kapitels.

6 Informationen verarbeiten

- Bei noch umfangreicheren Texten (in der Regel ganze Bücher) überfliegen Sie auch das Inhaltsverzeichnis, die Kurzbeschreibung des Inhalts (meistens auf dem Umschlag oder auf dem Klappentext zu finden) und lesen Sie das Vorwort. Letzteres macht Sie oft bekannt damit, wie, warum und für wen der Autor den Text verfasst hat, welches die Schwerpunkte des Textes sind, was im Text nicht enthalten ist, wie der Text aufgebaut ist und welche Lern- und Lesehilfen gegeben werden.
- Und wenn Sie nur etwas Bestimmtes im Text suchen, dann überlegen Sie, in welcher Form dieses erscheinen könnte (z. B. Name, Zahl, Schema) und achten Sie besonders auf fett oder kursiv Gedrucktes sowie auf Nummerierungen.

Nachdem Sie den Überblick gewonnen haben, wissen Sie einiges darüber, was im Text steht. Nun können Sie entscheiden, ob Sie überhaupt weiterlesen und was davon Sie nun gründlich lesen müssen oder wollen.

Fragen stellen Wenn Sie nun einen Text gründlich lesen werden, dann sollten Sie sich – soweit möglich – zum Text ein paar Fragen stellen. Damit bereiten Sie ein aktives und zielgerichtetes, zweckmässiges Lesen vor und fördern Ihr Interesse. Dies werden Sie meistens in Gedanken machen. Es hilft Ihnen aber beim Wiederholen (z. B. während der Prüfungsvorbereitung), wenn Sie ein paar Fragen schriftlich festgehalten haben. Am einfachsten finden Sie Fragen, indem Sie die Titel und Untertitel oder den ersten Satz eines Abschnitts in Fragen umformulieren. Lassen Sie sich aber vor allem von Ihrer Phantasie und Ihrem Interesse leiten. Einige typische Fragen, die Sie sinngemäss anwenden können, sind beispielsweise:

Fragen stellen

- Weshalb lese ich das, was will ich erfahren, worauf suche ich eine Antwort?
- Was habe ich – z. B. im Unterricht – noch nicht verstanden?
- Was habe ich schon darüber gelesen? Was weiss ich schon darüber?
- Was versteht man darunter? Welches ist der Kern der Aussage?
- Warum dieser Titel? Was würde ich die Autorin fragen? Was beabsichtigt wohl der Verfasser?

Gründlich lesen und laufend verarbeiten Die Schritte «Überblick verschaffen», «überfliegen», «Fragen stellen» werden Sie oft nur wenige Momente beschäftigen, bei längeren Texten kann es sich aber durchaus lohnen, etwas mehr Zeit dafür einzusetzen.

Nachdem Sie eine Fragehaltung eingenommen haben, können Sie sich nun gründlich mit dem Text beschäftigen.
- Wählen Sie ein angemessenes **Lesetempo.** Dieses hängt von der Lesesituation ab, also z. B. davon, wie schwierig der Text ist, ob Sie nur das Wesentliche oder auch viele Einzelheiten wissen sollten, wie viel Sie schon über das Thema wissen, wie schnell Sie lesen können.

6.3 Lesen

- Sie können auch trainieren, schneller zu lesen. Dazu sollten Sie Folgendes beachten:

Lesetempo erhöhen

- Halten Sie den Kopf während des Lesens möglichst ruhig und folgen Sie dem Text nur mit den Augen.
- Bewegen Sie die Augen schneller und drängen Sie mit den Augen vorwärts, blicken Sie nicht immer wieder zurück.
- Lesen Sie nicht Wort für Wort, sondern ganze Wortgruppen.
- Lesen Sie lautlos, sprechen Sie auch innerlich nicht mit.
- Fahren Sie nicht mit dem Finger der zu lesenden Zeile nach, decken Sie höchstens mit einem Papier das Gelesene nach und nach ab.

- Lesen Sie in **Etappen:** Lesen – Nachdenken – Wiederholen evtl. Einprägen – Lesen – Nachdenken … Pause. Wie umfangreich eine Etappe sein soll, hängt von der Lesesituation (besonders vom Schwierigkeitsgrad des Textes) und Ihrer Konzentration ab.
- Lesen Sie **verstehend:** Denken Sie beim Lesen wirklich mit; kontrollieren Sie, ob Sie das, was Sie lesen, auch verstehen, und machen Sie sich eigene Gedanken.

verstehend lesen

- Erkenne ich das Wesentliche?
- Muss ich die Informationen anreichern oder ordnen oder beides?
- Was verstehe ich nicht? Warum nicht? Was unternehme ich dagegen?

- Machen Sie erste **Notizen,** und zwar nicht gleich während des eigentlichen Lesens, sondern nachdem Sie einen Abschnitt gelesen und das Wesentliche erkannt und verstanden haben.
- Bringen Sie am Rand stichwortartig Bemerkungen an, halten Sie sich dabei aber kurz: Hauptgedanken (Schlüsselwörter), offene Fragen, eigene Gedanken.
- Markieren Sie im Text die unterstützenden Einzelheiten: Setzen Sie dabei systematisch verschiedene Farben ein, wenn Sie die Einzelheiten noch hierarchisch ordnen wollen (Beispiel: Begriff = gelb, Merkmale/Elemente = grün, Beispiel = blau). Setzen Sie höchstens vier Farben ein. Markieren ist übersichtlicher als Unterstreichen. Markieren Sie aber sparsam (Faustregel: weniger als 10 % des Textes).
- Manchmal erleichtern Sie sich das Verständnis und die Übersicht, wenn Sie schon auf einem Beiblatt oder Notizzettel die Informationen ordnen. Warten Sie aber noch zu, eigentliche Zusammenfassungen zu erstellen. Dies sollten Sie erst tun, wenn Sie mehrere Abschnitte oder das Ganze gelesen haben. Ihre Zusammenfassungen werden sonst zu umfangreich!

- Manchmal erleichtern Sie sich das Verständnis und die Übersicht, wenn Sie auf einem Beiblatt oder Notizzettel die Informationen laufend besser ordnen.
- Sehr oft stellt sich die Frage, ob man zum gedruckten Text noch ausführliche Notizen auf einem Loseblatt erstellen soll, sozusagen eine ausführliche Zusammenfassung. Auch hier sind die Lernsituation und die eigenen Lernerfahrungen und Präferenzen abzuwägen. Folgende Situationen sprechen dafür: Es sind mehrere Texte zum selben Thema zu verarbeiten und miteinander zu verknüpfen; der Text ist schlecht strukturiert; das bedruckte Blatt bietet wenig Platz für Notizen; der Text ist sehr redundant formuliert; viele Einzelheiten scheinen Ihnen wichtig; Sie haben die Erfahrung, dass Sie aktiver verarbeiten, wenn Sie vieles handschriftlich niederschreiben; Sie haben die Erfahrung, dass es Ihnen leichter fällt, sich Informationen ab eigenen Notizen einzuprägen. Gegenteilige Situationen wären: gut strukturierter und locker gestalteter Text; die zu erwartende Prüfung wird sich wirklich nur auf die wesentlichsten Aussagen beziehen; Sie haben immer wieder Mühe, Ihre Handschrift zu entziffern; Sie laufen immer wieder Gefahr, dass Sie die Notizen auf dem separaten Blatt gar nicht aktiv denkend, sondern gedankenlos fleissig erstellen.

3 Nach dem Lesen: das Gelesene nachbearbeiten und wiederholen

Nachdem Sie das Ganze gelesen haben (bei kürzeren Texten) oder nach einer zweckmässigen Leseetappe (bei längeren Texten) sollten Sie das Gelesene **nachbearbeiten** und **wiederholen.** Je nach Situation (z. B. Zeitpunkt, verfügbare Zeit, Zweck der Lektüre) werden Sie dies nur zusammenfassend oder auch gründlich machen. Wenden Sie dazu die Strategien zum Wiederholen und Üben an.

Zusammenfassend wiederholen Bevor Sie eine neue Leseetappe in Angriff nehmen (z. B. das nächste Kapitel), sollten Sie das Gelesene zusammenfassend wiederholen, indem Sie nochmals einen Rückblick halten.
- Überfliegen Sie das Ganze – in Gedanken oder laut sprechend – nochmals, z. B. anhand des Überblicks am Anfang des Textes, der Zusammenfassung, der Überschriften oder auch anhand der Stichwörter bzw. Fragen, die Sie am Rand des Textes oder anderswo angebracht haben. Fragen Sie sich: Worum geht es? Welches sind die Hauptgedanken? Welches sind meine Haupterkenntnisse? Wo liegen besondere Schwierigkeiten? Was habe ich noch nicht verstanden? Welche Fragen sind offen?
- Soweit am Ende eines Kapitels Fragen bzw. Aufgaben gestellt werden, beantworten bzw. bearbeiten Sie diese Fragen und Aufgaben. Beachten Sie dabei, dass die einen Fragen mehr darauf abzielen, das Gele-

6.3 Lesen

sene wiederzugeben, andere Fragen aber auch weiterführende Gedanken verlangen (Anwendungen, Beurteilungen usw.).

Nachbearbeiten Damit Sie das Gelesene besser verstehen und behalten, sollten Sie es angemessen gründlich nachbearbeiten.

- Besonders wenn Sie etwas im Hinblick auf eine Lehrveranstaltung oder zur Prüfungsvorbereitung gelesen haben, erzählen Sie sich selbst (in Gedanken oder laut) oder jemand anderem ausführlich alles Wesentliche, was Sie gelesen haben. Verwenden Sie dabei einerseits die Fachsprache, umschreiben Sie anderseits komplexe oder abstrakte Dinge (Begriffe, Modelle) möglichst anschaulich (vgl. Strategie «anreichern»). Oft ist es auch hilfreich, etwas zu schreiben oder zu zeichnen (z. B. in Mathematik, Buchhaltung oder Fremdsprachen). Beim Erzählen merken Sie oft auch, was Sie noch nicht verstanden haben oder was wirklich wichtig ist. Orientieren Sie sich dabei an zweierlei:
- Hauptgedanken, die Sie am Textrand oder in anderer Form angebracht bzw. markiert haben: Besonders wenn es sich um Informationen handelt, die Sie auswendig wiedergeben können sollten, dann decken Sie dazu den eigentlichen Text schrittweise mit einem Blatt ab, formulieren Sie frei zu jedem Hauptgedanken eine Antwort und vergleichen Sie diese mit dem Text.
- Fragen, die Sie vor dem Lesen formuliert haben: Versuchen Sie, zu jeder Frage frei eine Antwort zu formulieren.

6 Informationen verarbeiten

Auch wenn diese Strategie besonders prüfungsorientiert ausgerichtet scheint, hilft sie auch beim Bearbeiten von Aufträgen/Projekten oft, das Gelesene besser in die eigene Denkweise und Sprache zu integrieren und zu erkennen, wie bedeutsam der Text für die anstehende Arbeit wirklich ist.

- Lesen Sie Schwieriges oder Dinge, die Sie sich besonders einprägen müssen, nochmals nach.
- Überarbeiten und ergänzen Sie Ihre Notizen im Text, auf Einzelblättern/im Heft oder auf Karteikarten/Merkzetteln, indem Sie beispielsweise
  - zusammenfassende Schlüsselwörter ergänzen
  - die Übersichtsstruktur zum ganzen Text erstellen (z. B. Disposition, Beziehungsnetz, Mindmap) oder eine Struktur zu einer früheren Lektüre (z. B. frühere Lehrbuchkapitel) erweitern
  - schwierige Textstellen, die Sie noch nicht völlig verstanden haben, nochmals studieren und in Kenntnis der ganzen Leseetappe zu klären versuchen
  - eine Kurzzusammenfassung schreiben
  - Karteikarten für Ihre im Entstehen begriffene Arbeit oder für die Lernkartei erstellen (z. B. Vorderseite: Begriff; Rückseite: Definition oder Übersetzung)
  - wichtige Fachbegriffe (auch fremdsprachige) in ein persönliches Begriffsverzeichnis (Glossarium) aufnehmen, bei fremdsprachigen Texten je nach Vertrautheit mit der Sprache auch weitere fremdsprachige Wörter und Formulierungen
  - das Wesentliche aus verschiedenen Texten auf einem Blatt zusammenführen und ordnen
  - die neuen Notizen mit bereits bestehenden Notizen verknüpfen oder letztere überarbeiten
  - in einem Text das Wesentliche aus anderen Texten ergänzen.
- Vertiefen Sie das Gelesene, indem Sie sich weiterführende Gedanken machen (anreichern). Dies ist besonders dann wichtig, wenn Sie einen Text interpretieren müssen. Halten Sie diese Gedanken auch fest.

Mehrere Leseetappen wiederholen Besonders wenn Sie sehr umfangreiche Texte lesen müssen, so sollten Sie auch mehrere Leseetappen und auch immer wieder Texte wiederholen, die Sie vor längerer Zeit gelesen haben, aber für das Verständnis eines folgenden Textes oder für die Prüfung brauchen.

6.3 Lesen

Beispiel: Lesen und Verarbeiten eines Zeitungstextes

(Quelle: St. Galler Tagblatt, Samstag 7. Februar 1998)

Beispiel: Fragen und nachbereitende Notizen zu einem mehrseitigen Lehrbuchtext

> Planwirtschaft: 1. Der Sozialismus

- Definition Sozialismus?
- Utopisch-empirischer Sozialismus
- wissenschaftlicher Sozialismus
- freiheitlicher Sozialismus
- wessen Auffassung?
- was weiss ich bereits?

sozialistische Weltanschauungen ⇒ Planwirtschaft

> Sozialismus = Gesellschaftssystem, bei dem Gemeineigentum an Produktionsmitteln angestrebt wird.

utopisch-empirischer	wissenschaftlicher	freiheitlicher
idealer Gesellsch. zustand	Analyse/Kritik d. Kapitalismus	freiheitlich-demokratisches Element eingebaut
↓	↓	↓
gescheitert, weil Ziele utopisch	Sozialismus nötig Keime im Kapitalismus	nur Teil-sozialismus
	↓	↓
	Kommunismus nach Marx/Engels	westliche sozialdemokrat. Parteien

Arbeitsvorschläge

6.3.1 Nehmen Sie einen Zeitungsartikel (Politik, Wirtschaft, Sport) und lesen Sie zunächst nur den Titel. Stellen Sie nun einige Fragen, auf die Sie eine Antwort erhalten wollen, wenn Sie den Text lesen.

6.3.2 Nehmen Sie drei etwa gleich lange Texte aus drei verschiedenen Fächern. Lesen Sie Text 1 und erstellen Sie eine Kurzzusammenfassung. Nach einer Pause von zehn Minuten lesen Sie Text 2 und erstellen wieder eine Kurzzusammenfassung. Nach wiederum zehn Minuten Pause machen Sie dasselbe mit Text 3. Messen Sie die Zeit wie folgt:

	Text 1	Text 2	Text 3
lesen	... Minuten	... Minuten	... Minuten
zusammenfassen	... Minuten	... Minuten	... Minuten

Was stellen Sie fest? Wie erklären Sie sich gegebenenfalls die Zeitunterschiede zwischen den drei Texten?

6.3.3 Wenden Sie die hier genannte Lesestrategie bei verschiedenen Texten an (aus verschiedenen Fächern, unterschiedlich gut strukturiert, Fachtexte, literarische Texte) und achten Sie dabei auf die empfohlene Reihenfolge.

Was stellen Sie fest? Welche Empfehlungen sind bei welcher Art Text wichtig, welche unwichtig?

Selbstkontrolle → Leitfragen S. 11

6 Informationen verarbeiten: Eine schriftliche Arbeit verfassen

Worum geht es?

Immer öfter ist es üblich, dass in den höheren Klassen der Berufs- und Mittelschulen nicht nur herkömmliche Aufsätze zu schreiben, sondern eigentliche Facharbeiten zu verfassen sind. Wenn sie auch in vielem den Aufsätzen gleichen, unterscheiden sie sich von diesen doch wesentlich:

- Sie sind oft umfangreicher.
- Sie werden nicht nur in den Sprachfächern, sondern auch in vielen anderen Fächern verfasst.
- Sehr oft wird zunächst Fachliteratur gesammelt und studiert und anschliessend in die Arbeit eingearbeitet und entsprechend auch ausgewiesen (zitiert).
- Häufig wird auch zunächst eine praktische Untersuchung (z.B. eine Befragung, ein Experiment) durchgeführt und danach beschrieben und dokumentiert (Projektbericht).
- Oft ist eine solche Arbeit nicht individuell, sondern von einer Gruppe zu verfassen.

Die folgenden Tipps erlauben Ihnen, die besonderen Anforderungen an solche Arbeiten zu erfüllen.

Lernstrategien

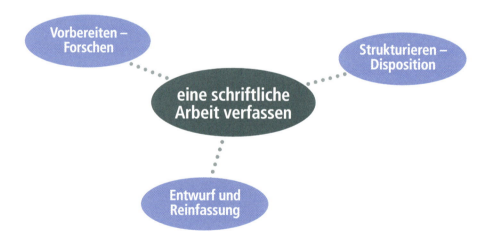

6.4 Eine schriftliche Arbeit verfassen

1 Vorbereiten – Forschen

Schreibsituation analysieren, Thema wählen

Bevor Sie Inhalt und Aufbau der Arbeit bestimmen können, sollten Sie die gestellte Aufgabe, die Rahmenbedingungen sowie Ihre persönliche Beziehung zur Aufgabe beurteilen. Fragen Sie sich Folgendes:

Thema – Aufgabenstellung
- Wird mir das Thema vorgegeben, darf ich aus einer Liste von Themen auswählen oder soll ich selbst ein Thema vorschlagen?
- Bei einem vorgegebenen Thema: Wie lautet das Thema genau, welche Schwerpunkte betreffend Inhalt und Bearbeitungsweise werden im Thema genannt (z. B. Literaturanalyse, Interpretation, Befragung)?
- Wen habe ich mir als Leserschaft vorzustellen (z. B. Mitschülerinnen, ein breites, interessiertes Publikum), wieweit kann ich mir die Leserschaft selbst definieren?
- Welche formalen Vorgaben bestehen: Abgabetermin, Umfang der Arbeit, Darstellung, Zwischenbesprechungen usw.?
- Welche Unterstützungen darf ich beanspruchen?

Zeit
- Wie baue ich die Arbeit in meinen mittelfristigen Zeitplan ein: Über welchen Zeitraum sollen sich meine Aktivitäten erstrecken, wie viel Zeit werde ich – grob geschätzt – etwa dafür aufwenden können, wann werde ich besonders intensiv daran arbeiten?

Mittel
- Welche Mittel zur Informationsbeschaffung und formalen Gestaltung der Arbeit stehen mir zur Verfügung bzw. sollte ich sicherstellen (Gesprächspartner, Bibliothek, Internet, Labor, Computer usw.)?

Persönliche Beziehung zur Aufgabenstellung
- Was interessiert mich besonders an einem vorgegebenen Thema?
- Oder wenn Sie selbst wählen dürfen: Welches Thema interessiert mich besonders? Wozu habe ich schon Vorwissen? Was scheint mir angemessen anspruchsvoll? Was scheint mir in der verfügbaren Zeit machbar?
- Welche positiven Erfahrungen habe ich beim Verfassen anderer Arbeiten gemacht, welche Fehler oder Schwierigkeiten will ich vermeiden?

6 Informationen verarbeiten

Thema präzisieren und sich grob einlesen

Aus dieser ersten Analyse kann sich Folgendes ergeben: Sie wissen zwar, welches Thema Sie bearbeiten wollen, das Thema ist aber noch so vage, dass Sie sich dazu noch keine ganz konkreten Vorstellungen machen können, Sie wissen noch nicht recht, wie ergiebig verschiedene Themen überhaupt sind, oder Sie haben nur eine unbestimmte Vorstellung darüber, was für ein Thema Sie überhaupt bearbeiten sollen. Deshalb gilt:

- Bevor Sie bereits systematisch in die Tiefe gehen, müssen Sie sich oft zunächst grob mit einem oder sogar mehreren Themen beschäftigen, diese sozusagen erkunden, um sich in einem Fachgebiet einen gewissen Überblick zu verschaffen, Ideen zu entwickeln und die Ergiebigkeit von Themen besser abschätzen zu können. Besonders eignet sich dafür Übersichtsliteratur wie etwa Lehrbücher, Handbücher (Enzyklopädien) und Handwörterbücher (Nachschlagewerke). Sie werden diese Literatur in erster Linie in Bibliotheken finden, evtl. aber auch im Internet (s. unten). Beachten Sie, besonders beim Internet, dass Sie sich nicht in der manchmal übergrossen Informationsfülle verlieren. Führen Sie aber auch Gespräche und entwickeln Sie begleitend zur Lektüre Ihre eigenen Ideen. Halten Sie diese in einem «Ideenjournal» fest.

- Oft werden Sie im Laufe dieser Analyse erkennen, dass das ursprüngliche Thema zu breit ist und Sie es auf bestimmte Teilaspekte einengen sollten. Wenn Ihnen ein Thema zu wenig ergiebig erscheint, dann können Sie es auch ausweiten, indem Sie sich fragen, zu welchem übergeordneten Thema das vorgegebene Thema oder die erste Themenidee gehört. Eine Gedankenskizze kann die Einengung oder Ausweitung des Themas erleichtern.

Systematisch Informationsquellen suchen und ordnen

Nach dieser Analyse sollten Sie klarer sehen, wie das Thema und wie die zentrale Fragestellung dafür lauten sollen.

Gelegentlich wird Ihnen das nun vorliegende Material bereits genügen, um die Arbeit zu verfassen. Meistens werden Sie aber systematisch nach weiteren Informationen suchen müssen. Deren Fundort und genaue Bezeichnung wird oft als «Quelle» bezeichnet.

- Nutzen Sie zunächst die für Sie zugänglichen Bibliotheken. Dort finden Sie in der Regel Nachschlagewerke, Fachbücher, Zeitschriften und Zeitungen, gelegentlich auch Ton- und Videokassetten und CD-ROMs. Erkundigen Sie sich beim Bibliothekspersonal oder bei Mitbenutzern über die verfügbaren Suchsysteme (z.B. computerisierte Kataloge, Microfichen, Karteikarten, Anschluss an andere Bibliotheken oder ans Internet).
- Nutzen Sie das Internet. Es ermöglicht den Zugang in verschiedene Bibliotheken und vermittelt Berichte, Daten und Kontakte.

Informationen im Internet suchen

thematische Kataloge	Suchmaschinen
■ vergleichbar mit Bibliothekskatalogen, aber umfangreicher	■ durchsuchen das WWW (World Wide Web) nach Stichworten,

6.4 Eine schriftliche Arbeit verfassen

- Informationen zu verschiedenen Wissensgebieten, hierarchisch nach Kriterien geordnet

- Suchergebnis: Dokumenttitel, Internet-Adresse (URL), kurze Inhaltsbeschreibung, evtl. Besprechung oder kritische Wertung des Dokuments

- Beispiele von Katalogen/Suchmaschinen:

- die der Benützer eingeben kann

- Gezieltere Suche mittels zusätzlicher Suchkriterien möglich

- Suchergebnis: Dokumenttitel, Internet-Adresse (URL), kurze Inhaltsbeschreibung

Yahoo (www.yahoo.com)
Altavista (www.altavista.com)

- Je nach Thema werden Sie Informationen auch über Gespräche und Beobachtungen gewinnen müssen.
- Lesen Sie die schriftlichen Informationen noch nicht im Detail, sondern klären Sie in dieser Phase nur ab, ob Sie diese Quelle für Ihre Arbeit gebrauchen können. Beurteilen Sie also ein erstes Mal den Informationsgehalt und die Glaubwürdigkeit der entsprechenden Quellen (ausführlicher dazu nächste Seite).
- Ordnen Sie von Anfang an die gefundenen Quellen zweckmässig (z. B. Ablage von Kopien in einem Ordner, ausgeliehene Bücher im Büchergestell). Damit Sie den Überblick behalten, sollten Sie gleich beginnen, eine Arbeitsbibliografie zu erstellen (pro Quelle ein separates Notizblatt oder eine Karteikarte, sei es auf Papier oder als Computerfile). Darin halten Sie alle notwendigen Angaben fest, um die Quelle jederzeit – z. B. in der Bibliothek – wieder zu finden sowie in der Arbeit korrekt zu zitieren und das Literaturverzeichnis erstellen zu können.

Beispiel: Auszug aus Arbeitsbibliografie

Vadiana	Diplomatie
GS 446	Thürk, K. (1993). Illustrierte Geschichte des Zweiten Weltkrieges. München: Südwest Verlag.
privat	

Ziel der Arbeit bestimmen

Nachdem Sie das Thema bestimmt und fürs Erste genügend Informationsquellen gefunden haben, sollten Sie nun das Ziel Ihrer Arbeit, sozu-

6 Informationen verarbeiten

sagen die «Forschungsfrage», genauer definieren. Geht es um eine Beschreibung, eine Interpretation, eine Beurteilung, ein Konzept? Dazu formulieren Sie am besten eine herausfordernde, aussagekräftige und unvoreingenommene Frage, die Sie mit Ihrer Arbeit beantworten wollen. W-Fragen eignen sich dazu besonders (gute Frage: «Welche Bedeutung hatte der Angriff auf Pearl Harbour für den weiteren Verlauf des Zweiten Weltkriegs?» schlechte Frage: «Warum hat der Angriff auf Pearl Harbour den weiteren Verlauf des Zweiten Weltkriegs entscheidend beeinflusst?»). Dieser Arbeitsschritt entfällt, wenn das vorgegebene Thema das Ziel bzw. die Frage bereits konkret nennt.

Oft wird Ihnen das Ziel Ihrer Arbeit erst klar, wenn Sie sich etwas in das Thema eingelesen haben. Dazu wählen Sie aus den gefundenen Quellen am besten einige wenige aus, die Ihnen besonders zentral scheinen, und studieren diese etwas gründlicher. Dabei wird sich möglicherweise auch schon abzeichnen, wie Sie die Arbeit grob aufbauen könnten.

Zeitplan verfeinern

In diesem Stadium der Vorarbeiten sollten Sie in der Lage sein, einen verfeinerten Zeitplan für den weiteren Verlauf Ihrer Arbeit erstellen zu können. Wenden Sie dazu die Grundsätze zur mittel- und kurzfristigen Zeitplanung, besonders zur Planung eines Projektes, an (s. 2 «Mit der Zeit umgehen»).

Informationsquellen gründlich analysieren und Notizen machen

Haben Sie das Thema und Ziel Ihrer Arbeit bestimmt und fürs Erste genügend Informationsquellen gefunden, können Sie diese nun gründlich analysieren und für die Arbeit Brauchbares stichwortartig notieren.

- Beschaffen Sie sich – soweit nicht schon geschehen – die Informationsquellen. Was Sie nicht innerhalb nützlicher Frist beschaffen, können Sie aus der Arbeitsbibliografie entfernen.
- Während Sie die verschiedenen Quellen studieren, werden Sie allmählich ein Gedankengebäude für Ihre Arbeit entwickeln, das Sie im nächsten Schritt in eine Disposition umsetzen werden. Fragen Sie sich laufend, wie wichtig Ihnen eine Informationsquelle erscheint und was Sie daraus für Ihre Arbeit gebrauchen können. Was Ihnen nicht verlässlich oder für Ihre Arbeit nicht bedeutsam scheint, können Sie hier ausscheiden.
- Schätzen Sie die Verlässlichkeit und Bedeutung der Quellen ein.
  - Handelt es sich um Sachinformationen aus erster Hand (Daten, Fakten, Konzepte, Theorien, Interpretationen, Stellungnahmen, Erfahrungsberichte) oder sollen die Leser vor allem umworben und beeinflusst werden (politische, kommerzielle, religiöse Texte, Animationen und nichtssagende Bilder.)
  - Wie glaubwürdig erscheint eine Quelle? Wird ein Autor/Herausgeber genannt? Um wen handelt es sich dabei (Wissenschafter, Politiker, Privatperson, Behörde, Unternehmen usw.)? Wie bekannt sind Autorin/Herausgeberin? Wie fachkompetent erscheinen diese? Wird eine bestimmte Quelle auch in weiteren Quellen zitiert? Wann ist der Beitrag publiziert worden bzw. erscheint überhaupt ein Erstellungs- oder Modifikationsdatum? Ist der Beitrag für das Thema noch aktuell? Behandelt ein Autor das Thema genügend differenziert? Zitiert der Autor die von ihm verwendeten Quellen?

6.4 Eine schriftliche Arbeit verfassen

- Halten Sie das Wesentlichste zu jeder Quelle auf Notizblättern, Karteikarten oder elektronisch fest. Vermerken Sie einige Formalien, die Ihnen das Auffinden der Quellen erleichtern (z. B. Autor, Seiten, Stichwort). Sie brauchen aber nicht alle bibliografischen Einzelheiten festzuhalten, da Sie ja schon eine Arbeitsbibliografie erstellt haben oder – bei nur wenigen Quellen – auch sonst die Übersicht behalten werden. Meist genügen stichwortartige, knappe Notizen in Form einer Struktur oder Kurzzusammenfassung (s. 5 «Wesentliches erkennen» und 6 «Informationen ordnen»). Gelegentlich werden Sie Abbildungen und Tabellen festhalten bzw. aus einer Quelle kopieren oder die Fundstelle notieren. Wortwörtliche Zitate sollten Sie nur dann herausschreiben, wenn Sie sie wahrscheinlich auch in die Arbeit übernehmen werden und sie so auch besser in Ihre Gedanken übernehmen können oder wenn Ihnen die Quelle später nicht mehr zur Verfügung steht. Sonst genügt ein Verweis auf die entsprechende Fundstelle. Je nach Arbeitsstil und Verfügbarkeit der Quellen werden Sie Wichtiges gleich in den Quellen markieren, den Zugriff mit Post-it-Zetteln signalisieren oder in der entstehenden Disposition entsprechende Hinweise machen.

2 Strukturieren – Disposition entwerfen

Disposition erstellen Nachdem Sie sich in das Thema tiefer eingearbeitet und dabei laufend Vorstellungen entwickelt haben, worüber Sie schreiben wollen, können Sie mit dem Entwurf beginnen. Die Qualität Ihrer Arbeit wird wesentlich von der gewählten **Struktur** und Ihrem **Schreibstil** abhängen.

In der Regel werden Sie die Arbeit nicht direkt ab Ihren Notizen niederschreiben können, die Sie bis dahin erstellt haben, sondern Sie werden zuvor die Struktur Ihrer Arbeit, die so genannte Disposition entwerfen und in Form eines Inhaltsverzeichnisses oder einer netzartigen Gedankenskizze festhalten. Beachten Sie beim Erstellen der Disposition bereits, dass die Arbeit nicht aus zusammenhangslos nebeneinander stehenden Einzelheiten oder Bruchstücken bestehen darf, sondern etwas Abgerundetes darstellt, das einen gut erkennbaren roten Faden enthält.

Erstellen Sie zunächst eine **Grobdisposition,** die Sie später fortlaufend verfeinern. Die Disposition sollte sich an der bewährten Struktur «Einleitung – Hauptteil – Schluss» orientieren. Die Tabelle Seite 100 gibt einige Hinweise, worauf dabei zu achten ist. Budgetieren Sie hier auch schon den Seitenumfang, den die Einleitung, die Hauptaspekte des Hauptteils und der Schluss einnehmen sollen. Bewährt hat es sich, die Disposition auf ein A3-Blatt zu vergrössern und gut sichtbar aufzuhängen. Sie soll Ihnen während des Schreibens als Leitfaden dienen. Nehmen Sie Ihre Notizen und gruppieren Sie sie entsprechend den Hauptaspekten der Grobdisposition, zu denen sie gehören, und archivieren Sie sie zweckmässig (z. B. in Ordner, Karteikartenkasten, Computerfiles).

Struktur und Zweck	Worum geht es?
Einleitung Leser zum Thema hinführen	■ Voraussetzungen und Hintergründe Ihrer Arbeit ■ Hinführung zum Problem ■ Kurze Übersicht über die verschiedenen Standpunkte, die zur aufgeworfenen Frage bestehen ■ Zweck der Arbeit ■ Aufbau des Hauptteiles ■ Formulierung einer These, d. h. einer kurzen Antwort auf die aufgeworfene Frage
Hauptteil Hauptaspekte, die zum Thema gehören, ausführen	■ Welche Aspekte tragen am meisten zur Beantwortung der Fragestellung des Themas bei? ■ Was ist zentral für das Verständnis des ganzen Themas? ■ Welche Aspekte treten auch in den benutzten Informationsquellen am häufigsten auf? ■ Wozu habe ich besonders viele Notizen gemacht?
Gedanken zweckmässig gliedern	**Gliederungsmöglichkeiten** ■ zeitlicher Ablauf ■ Aufbau anhand eines Problemlöseprozesses ■ Vergleich ■ Argumentationskette (pro/contra) ■ Kette von Ursachen und Wirkungen ■ Beziehungsnetz ■ Klassifikationssystem
Schluss Ziel/Forschungsfrage nochmals aufgreifen	■ überzeugendste Antworten auf die Forschungsfrage nochmals zusammenstellen ■ offene Fragen für künftige Arbeiten formulieren ■ Empfehlungen formulieren ■ Aktionen vorschlagen ■ Bedeutung der Arbeit nochmals kurz aufzeigen

6.4 Eine schriftliche Arbeit verfassen

Beispiel: Grobdisposition einer schriftlichen Arbeit

Feindisposition — Meist wird auf der Grundlage dieser Grobdisposition noch eine Feindisposition erstellt. Dies kann, je nach Umfang der Arbeit, vor oder laufend während des Schreibens geschehen. Bei kleineren schriftlichen Arbeiten werden Sie die Feindisposition wohl meist parallel zum Schreiben der Arbeit entwickeln. Während Sie Ihre Feindisposition erstellen, stellen Sie möglicherweise fest, dass Sie zum einen oder anderen Aspekt noch zu wenig Informationen bzw. Ideen haben. Dann werden Sie sich erneut auf die Suche nach neuen Quellen machen, bereits analysierte Quellen nochmals gründlicher analysieren, aber auch weitere eigenständige Gedanken anstellen oder einen Teilaspekt weglassen.

Bevor Sie nun mit dem Niederschreiben Ihrer Gedanken beginnen, lohnt es sich, die erstellte Disposition mit Ihrer Lehrperson vorzubesprechen, um allfällige Anpassungen noch rechtzeitig vornehmen zu können. Denn sobald Sie sich einmal für eine (Grob-)Disposition entschieden haben, sollten Sie diese möglichst konsequent beibehalten und nicht mehr allzu stark verändern.

3 Entwurf und Reinfassung schreiben

Beim Verfassen Ihrer Arbeit ist zwischen der **inhaltlichen** und der **formalen** Ausarbeitung zu unterscheiden.

Rasch und spontan formulieren — Nachdem die Disposition auf Papier festgehalten und mit Ihrer Lehrperson besprochen ist, geht es nun endlich um das eigentliche Verfassen der Arbeit. Ringen Sie dabei nicht von Anfang an und dauernd sozusagen

6 Informationen verarbeiten

um jedes Wort und jeden Satz, sondern formulieren Sie den ersten Entwurf möglichst rasch und spontan. Sie werden feststellen, dass mit dem Schreiben auch Ihre Gedanken beinahe von alleine zu fliessen beginnen.

Leitfrage: Warum schreibe ich dies? Lassen Sie sich von Ihrer Disposition leiten und fragen Sie sich beim Schreiben laufend, warum Sie diesen Abschnitt gerade schreiben wollen und was er zur Beantwortung Ihrer «Forschungsfragen» bzw. zur Klärung Ihres Themas beiträgt. Gehen Sie nur auf Aspekte ein, die wirklich etwas zur Beantwortung Ihrer Forschungsfragen beitragen, erläutern Sie diese aber gründlich genug, um den jeweiligen Hauptgedanken auszuführen. Lassen Sie andererseits Aspekte weg, die zwar durchaus interessant sein mögen, aber nicht direkt etwas mit dem Thema zu tun haben. Halten Sie sich beim Verfassen Ihrer Arbeit auch immer die Leserschaft vor Augen und überlegen Sie sich, ob Ihre Aussagen für die Lesenden auch wirklich von Interesse sein könnten.

Sprache Gleichzeitig, oft aber erst nachdem Sie den Entwurf geschrieben haben (bei längeren Arbeiten ein Kapitel), gehen Sie Ihre Arbeit auch in Bezug auf die Sprache nochmals durch. Prüfen Sie besonders Folgendes:
- Sind Rechtschreibung, Grammatik und Satzzeichen korrekt?
- Ist der Stil situationsgerecht? Versuchen Sie, möglichst kurze, prägnante, aber trotzdem für das weitere Lesen stimulierende Sätze zu formulieren, und achten Sie darauf, in den ersten Sätzen die Hauptgedanken und erst dann die unterstützenden Einzelheiten darzulegen. Schaffen Sie aber auch «weiche» Übergänge zwischen den einzelnen Kapiteln.

Wörter und Ausdrücke für Verknüpfungen	Funktion
zuerst, erstens, zweitens, als Nächstes, zuletzt	Reihenfolge, Ordnung
seit, danach, später, auf die Dauer, nun, in der Zwischenzeit, seither, schliesslich, bevor, auf lange Sicht	Zeit
aus diesen Gründen, zusammenfassend, daraus folgt abschliessend	Zusammenfassung
sehr ähnlich, identisch, analog, ebenfalls	keine Änderung
ganz besonders, zusätzlich, noch typischer, tatsächlich	Hervorhebung, Betonung
demgegenüber, anderseits, obwohl, trotzdem	Gegensatz

6.4 Eine schriftliche Arbeit verfassen

gerade deshalb, weil, aus diesem Grund, wenn … dann	■ Ursache, Wirkung
beispielsweise, in andern Worten, das heisst	■ Veranschaulichung, Aufzählung

Fremde Informationen angemessen verwenden

Immer wieder zu Unsicherheiten führt die Frage, **ob** und gegebenenfalls **wie** beim Verfassen einer Arbeit anzugeben ist, wo man seine in die Arbeit übernommenen Informationen gewonnen hat. In der Fachsprache sprechen wir beim Übernehmen fremder Gedanken von «Zitieren». Die Übernahme fremder Gedanken ist keineswegs verpönt, sondern ganz im Gegenteil geradezu typisch für gründliches Arbeiten. Sie müssen aber angeben, wo Sie die Informationen «ausgeliehen» haben. Als Faustregel, **ob** Sie einen fremden Gedanken zitieren sollen oder nicht, dient dabei folgender Grundsatz: Jede Information, die nicht zum Allgemeinwissen in einem Fachgebiet gehört oder nicht Ihren eigenen Gedanken und Arbeiten entspringt, müssen Sie als solche kennzeichnen. **Wie** nun fremde Gedanken innerhalb des Textes gekennzeichnet werden, hängt ganz davon ab, ob es sich um eine wörtliche oder bloss um eine sinngemässe Wiedergabe fremder Informationen handelt. Während wörtliche Zitate eher selten in die eigene Arbeit eingefügt werden und in Anführungszeichen («…») zu setzen sind, werden sinngemässe Zitate relativ häufig verwendet, ohne dass diese aber in Anführungszeichen gesetzt werden. Machen wir dazu je ein Beispiel:

■ Handelt es sich um die wörtliche Wiedergabe eines fremden Gedankens eines einzelnen Autors, zitieren Sie wie folgt:

Seghezzi (1996) fordert: «In unserer sinnentleerten Zeit sollte den Mitarbeitern in Büros und in Fabriken der Sinn für ihre Arbeit wiedergegeben werden» (S. 15).

oder

«In unserer sinnentleerten Zeit sollte den Mitarbeitern in Büros und in Fabriken der Sinn für ihre Arbeit wiedergegeben werden» (Seghezzi, 1996, S. 15).

■ Handelt es sich bloss um die sinngemässe Wiedergabe eines von mehreren Autoren geäusserten fremden Gedankens, zitieren Sie wie folgt:

Müller und Woker (1997, S. 7–14) stellen fest, dass zur Zeit im freien Spiel der Marktkräfte die Karten neu verteilt werden.

oder

Zur Zeit werden im freien Spiel der Marktkräfte die Karten neu verteilt (Müller & Woker, 1997, S. 7–14).

6 Informationen verarbeiten

Einige Formalien
- Verwenden Sie Blätter vom Format A4.
- Beschriften Sie nur eine Seite.
- Schreiben Sie im Abstand 1,5.
- Lassen Sie einen Rand: von links 2,7 cm, von rechts 2,5 cm sowie von oben 2,5 cm und von unten 2 cm.
- Wählen Sie Schriftgrösse und Schrifttyp so, dass die Lesbarkeit gewährleistet ist und das Schriftbild Ihrem ästhetischen Empfinden entspricht.
- Setzen Sie Fett- und Kursivdruck massvoll ein. Solche ersetzen heute mehr und mehr die Unterstreichungen.
- Sofern Sie den Blocksatz verwenden, sollten Sie mittels Trennungen erreichen, dass die einzelnen Zeilen nicht auffällig grosse Lücken aufweisen. Gleichen Sie den Text am rechten Rand nicht aus, sollten Sie sich bemühen, die Textzeilen einigermassen gleich lang zu halten.

Titelseite Verwenden Sie in der Regel eine separate Titelseite, bei kurzen Arbeiten können Sie stattdessen den Titel gleich auf die erste Textseite setzen. Üblicherweise sind folgende Informationen erwünscht: Titel der Arbeit, Name der Verfasserin (bei Gruppen Namen aller Verfasser), Schulklasse, evtl. Adresse, Veranstaltung oder Schulfach, Lehrperson, Datum.

Inhaltsverzeichnis Das Inhaltsverzeichnis gibt im Wesentlichen die Disposition in jenem Feinheitsgrad wieder, wie er in Titeln und Untertiteln in der Arbeit zum Ausdruck kommt. Bei umfangreicheren Arbeiten hilft die Seitenangabe im Inhaltsverzeichnis, bestimmte Abschnitte rascher aufzufinden.

Illustrationen Mit Tabellen (Zahlen, Wörter, Sätze) und Abbildungen (Diagramme, Zeichnungen, Bilder) können Sie Ihre Ausführungen im Text illustrieren. Setzen Sie Illustrationen nur dann ein, wenn damit der Text lesbarer und verständlicher wird. Platzieren Sie sie möglichst unmittelbar dort, wo sie im Text auch angesprochen werden. Verknüpfen Sie Text und Illustrationen miteinander durch Verweise und Kommentare im Text. Unkommentierte Illustrationen gehören höchstens in einen Anhang. Nummerieren Sie die Illustrationen fortlaufend und geben Sie ihnen einen kurzen Titel. Aus fremden Quellen übernommene Illustrationen sind zu zitieren.

Literaturverzeichnis Das Literaturverzeichnis enthält alle notwendigen bibliografischen Angaben zu den in der Arbeit erwähnten publizierten Informationsquellen. Namen von Personen, die Sie gegebenenfalls befragt haben, sollen, soweit sie nicht vertraulich zu behandeln sind, in einem separaten Verzeichnis aufgelistet werden.
Die Zitierweise wird von den einzelnen Autoren nach wie vor sehr unterschiedlich gehandhabt. Wir halten uns an die Grundsätze und Zitierweisen nach dem APA-Standard (American Psychological Association). Die für Sie wichtigsten sind dabei:
- Grundschema für Zitat aus Büchern:

> Nachname, Initiale. (Erscheinungsjahr). *Titel*. Verlagsort: Verlag.

Beispiel einer Titelseite

Der Angriff auf Pearl Harbour
die Ausweitung zum Weltkrieg

Thomas Muster
Schulklasse
Adresse

Facharbeit Geschichte
Dr. A. Müller
27. Juni 1997

6 Informationen verarbeiten

– Werk eines Autors:

> Metzger, Ch. (1998). *Wie lerne ich? Eine Anleitung zum erfolgreichen Lernen* (2. Aufl.). Aarau: Sauerländer.

– Werk von mehreren Autoren:

> Meier, A. & Slembeck, T. (1994). *Wirtschaftspolitik. Ein kognitiv evolutionärer Ansatz.* München: Oldenburg.

– Aufsatz in einem Sammelwerk:

> Schoch-Perret, E. (1995). Suggestopädie – eine ganzheitliche Lehr- und Lernmethode. In R. Dubs & R. Dörig (Hrsg.), *Dialog Wissenschaft und Praxis. Berufsbildungstage St. Gallen, 23. bis 25. Februar 1995* (S. 268–282). St. Gallen: Institut für Wirtschaftspädagogik.

■ Grundschema für Zitat aus Zeitschriftenartikel:

> Nachname, Initiale. (Erscheinungsjahr). Titel. *Name der Zeitschrift, Jahrgang* (Ausgabe), Seitenzahl(en).

> Fritz, W. (1995). Marketing. Grunddimensionen und Erfolgsfaktor der Unternehmungsführung. *Der Betriebswirt, 36* (4), 8–13.

■ Grundschema für Zitat aus Zeitungsartikel:

> Nachname, Initiale. (Erscheinungsjahr, -datum). Titel. *Name der Zeitung,* S. Seitenzahl(en).

> Baltensberger, E. & Jordan, T. (1996, 27./28. Januar). Fiskalpolitische Konsequenzen einer Währungsunion. Ein vernachlässigter Aspekt der integrationspolitischen Vertiefung. *Neue Zürcher Zeitung,* S. 89.

■ Grundschema für Zitat aus Online-Informationen (Internet etc.)

> Nachname, Initiale. (Erscheinungsjahr). *Titel.* Gefunden am Tag. Monat. Jahr unter Pfad

> Eidgenössisches Finanzdepartement. (2000). *Botschaft zur Volksinitiative „für eine Kapitalgewinnsteuer".* Gefunden am 19. August 2001 unter http:// www.efd.admin.ch

6.4 Eine schriftliche Arbeit verfassen

Detailliertere Informationen zum korrekten Zitieren finden sich in Metzger, Ch. (1996). Lern- und Arbeitsstrategien. Ein Fachbuch für Studierende an Universitäten und Fachhochschulen (mit eingelegtem Fragebogen). Aarau: Sauerländer.

Es ist ratsam, das Literaturverzeichnis gleich parallel zum Verfassen der Arbeit zu erstellen und diese Arbeit nicht auf später aufzuschieben. Sie verlieren sonst nur unnötig Zeit, wenn Sie die einzelnen in Ihrer Arbeit verwendeten Bücher und Zeitschriften am Schluss nochmals aufsuchen müssen. Das Literaturverzeichnis in diesem Buch dient als Beispiel.

Arbeitsvorschläge

6.4.1 Suchen Sie in der für Sie zugänglichen Bibliothek zusätzliche Informationen in Büchern, Zeitschriften und Zeitungen zu einem Thema, das gerade im Unterricht behandelt wird und das Sie interessiert. Erstellen Sie für diese Quellen ein Literaturverzeichnis.

6.4.2 Erstellen Sie bei der nächsten schriftlichen Arbeit eine Grobdisposition. Vergleichen Sie Ihre Disposition mit jener eines Mitschülers oder einer Mitschülerin.

6.4.3 Nehmen Sie einen Zeitungsartikel oder einen Text aus dem Lehrbuch, der für Sie gut verständlich ist. Analysieren Sie ihn im Hinblick auf den Aufbau, den Stil und die Übergänge zwischen den Abschnitten und überlegen Sie sich, weshalb Sie den Text gut verstehen.

6.4.4 Tauschen Sie Ihre nächste schriftliche Arbeit, die Sie als beendet ansehen, mit einem Mitschüler oder mit einer Mitschülerin zum Korrekturlesen aus, bevor Sie die Arbeit dem Lehrer oder der Lehrerin abgeben. Achten Sie auf die Grammatik und die Rechtschreibung, den Aufbau der Arbeit sowie auf die Verständlichkeit des Textes. Besprechen Sie die Ergebnisse miteinander und überarbeiten Sie die Arbeit nochmals.

Selbstkontrolle → Leitfragen S. 11

6 Informationen verarbeiten: überzeugend präsentieren

Worum geht es?

Bestimmt mussten Sie auch schon einmal vor Ihren Klassenkameraden einen Vortrag über eine Semesterarbeit halten oder nach einer Gruppenarbeit die Ergebnisse im Klassenrahmen kurz präsentieren. Vielleicht haben Sie sich dabei auch schon gefragt, wie Sie Ihren Vortrag interessanter, unterhaltsamer und informativer gestalten könnten. Oder vielleicht haben Sie sich als Zuhörer eines Vortrages auch schon an zu vielen gezeigten Folien, an einer zu kleinen, unleserlichen Schrift oder zu komplexen, überladenen Darstellungen gestört.

Hier erhalten Sie einige Tipps, die Ihnen beim Vorbereiten, Durchführen und Nachbereiten von Präsentationen helfen sollen. Vieles davon, so werden Sie feststellen, hat auch mit dem Anwenden von Lernstrategien – besonders mit dem Informationen verarbeiten – zu tun, nur werden Sie dabei vom Lernenden zum Lehrenden.

Lernstrategien

1 Eine Präsentation vorbereiten

Analyse Etwas zu präsentieren ist eng verwandt mit verschiedenen Lernaufgaben, von denen in diesem Buch immer wieder die Rede ist. Genau wie dort analysieren Sie zunächst die Situation und Ihr Vorwissen. Überlegen Sie sich also Folgendes:

6.5 Überzeugend präsentieren

Situation
- Wie lautet der Auftrag?
- Wer sind die Adressaten (Mitschülerinnen und Mitschüler, Lehrer, Eltern usw.): Was wissen sie bereits über das Thema? Was wird sie besonders interessieren? Worüber möchten sie orientiert werden?
- Wie viel Zeit steht zur Verfügung für die Präsentation und die anschliessende Diskussion?
- Wo findet die Präsentation statt? Welche Hilfsmittel für die Präsentation stehen zur Verfügung?

Eigenes Wissen
Was weiss ich zum Thema bereits, was muss ich noch erarbeiten?

Sachwissen erarbeiten Genau gleich, wie wenn Sie eine schriftliche Arbeit verfassen, werden Sie auch für die Präsentation zunächst das Sachwissen erarbeiten. Beachten Sie die Empfehlungen in Kap. 6.4, besonders was die Phasen «Vorbereiten – Forschen» und «Strukturieren – Disposition entwerfen» betrifft.

Präsentationskonzept erarbeiten Wie für eine schriftliche Arbeit bietet es sich auch hier an, die drei Teile Einleitung, Hauptteil und Schlussteil zu unterscheiden. Zeitlich sollten diese Teile etwa 10 %, 80 % und nochmals 10 % ausmachen. Bei längeren Präsentationen können Sie auch jeden einzelnen Abschnitt nach diesem Gliederungsprinzip aufbauen. Oft schliesst sich an die Präsentation noch eine Frage- oder Diskussionsrunde an. Einige Tipps sollen Ihnen helfen, diese Phasen zu gestalten.

Phase	Worum geht es?
Einleitung	- Ziel der Präsentation bekannt geben - zum Thema hinführen (z. B. Problem oder Fragestellung schildern) - Überblick geben - eine These (Behauptung) formulieren
Hauptteil	- Gedanken schrittweise entwickeln und logisch gliedern (z. B. Hauptgedanken – unterstützende Einzelheiten; Situation – Problem – Lösungsalternativen – Entscheid; zeitliche Abfolge; Regel – Beispiel) - sich auf das Wesentliche konzentrieren, aber mit Beispielen und Begründungen arbeiten, um das Wesentliche zu veranschaulichen oder zu vertiefen - nicht geläufige Fachbegriffe laufend erklären - Vorwissen und Erfahrungen der Zuhörer ansprechen (z. B. «Wie Ihr gelesen habt …»)

6 Informationen verarbeiten

Schlussteil	■ einige wenige (2–4) Kernpunkte nochmals festhalten ■ eingangs aufgeworfene Frage beantworten ■ eine Empfehlung formulieren ■ offene Fragen festhalten ■ die Zuhörer zum Handeln auffordern
Fragen, Diskussion	■ Fragen überlegen, welche die Zuhörer in einer anschliessenden Frage- oder Diskussionsrunde stellen könnten ■ mögliche Antworten auf solche Fragen überlegen

Hilfsmitteleinsatz vorbereiten

Sie können Ihre Präsentation wirksam unterstützen, wenn Sie Hilfsmittel zur Veranschaulichung Ihrer Ausführungen einsetzen. Auf drei gängige Hilfsmittel sei hier eingegangen.

Folien/ Hellraumprojektor/ PowerPoint- Präsentationen

Da die meisten Schulzimmer mit einem Hellraumprojektor ausgerüstet sind, bietet sich die Verwendung von Folien an.

- Setzen Sie nur mässig viele Folien ein. Zu viele Folien überfordern die Aufnahmefähigkeit der Zuhörer, lenken vom Wesentlichsten, nämlich Ihren Ausführungen, ab oder lassen das Gefühl aufkommen, dass Sie als Referentin eigentlich überflüssig wären. Faustregel: pro fünf Minuten Redezeit 1–2 Folien.
- Jede Folie soll in der Regel nur so viel enthalten, dass Sie dazu weiterführende Erklärungen geben können.
- Als Faustregel für die Schriftgrösse gilt: Eine auf den Boden gelegte Folie muss im Stehen gut lesbar sein. Auf jeden Fall sollten Sie aber mindestens Schriftgrösse 18 Punkt wählen.
- Verwenden Sie ein einheitliches, klares Folienschriftbild und verzichten Sie auf den Einsatz von mehr als zwei verschiedenen Schrifttypen. Heben Sie Schlagwörter durch Fettdruck und/oder durch dosierten Einsatz von Farben hervor. Wählen Sie gut lesbare Farben (Grün, Blau, Schwarz). Computergeschriebene Folien wirken heutzutage wohl professioneller, handgeschriebene Folien müssen aber deshalb nicht weniger wirksam sein.
- Verzichten Sie auf Abkürzungen, insbesondere wenn diese dem Publikum eher nicht geläufig sind.
- Sinngemäss gelten diese Empfehlungen auch für Präsentationen, die Sie mittels PowerPoint gestalten und per Computer/Beamer vornehmen.

Plakate

Plakate haben den Vorteil, dass sie über den Vortrag hinaus oder auch anstelle eines Vortrages ausgestellt werden können (z. B. an einer Seitenwand im Schulzimmer). In aller Regel werden Sie sie von Hand gestalten, aber

6.5 Überzeugend präsentieren

verschiedene Elemente integrieren können, z. B. Handschrift und Bilder aus Zeitschriften, so dass ein Plakat zu einer eigentlichen Collage wird.

- Wählen Sie genug grosse Papiere. Oft stehen sog. Flipcharts, eine Art grosser Schreibblock, oder sog. Steck- oder Pinwände zur Verfügung. Letztere werden in der Regel mit Packpapier bezogen. Pinwände haben den Vorteil, dass auf sie mit Nadeln Papiere jeglicher Form gesteckt und beliebig hin- und hergeschoben werden können. Dies ermöglicht eine dynamischere Form der Präsentation. Auf gute Grössen zugeschnittene, relativ feste Papiere (Pinwandkarten) sind im Handel erhältlich, man kann sich aber auch damit behelfen, weisse und helle farbige Papiere zurechtzuschneiden (in der Regel A4-Blätter einmal halbieren).
- Auch hier gilt: Überfüllen Sie die Plakate nicht, besonders wenn Sie dazu referieren sollen. Reichhaltiger können Plakate hingegen sein, wenn sie ohne weiteren Kommentar Ihrerseits verstanden werden, also sozusagen selbstredend sein sollen.
- Wählen Sie eine genügend grosse Schrift, in der Regel wird es die Handschrift sein. Wenn das Plakat auch vom hintersten Platz des Raums lesbar sein muss, dann müssen die Buchstaben einige Zentimeter gross sein. Ausprobieren ist hier der beste Weg. Tipp: In letzter Zeit werden auf vielen Plakaten Gedankennetze, sog. Mindmaps gezeichnet. Schreiben Sie auch hier wirklich gross und gut lesbar! Verwenden Sie Pinwandkarten, dann schreiben Sie auf eine Karte nur eines bis wenige Stichwörter.
- Verwenden Sie Farben, am besten Rot, Grün, Blau und Schwarz.
- Dicke des Stiftes: Erhältlich sind auf dem Markt in der Regel drei Stärken: dünn, mittel, dick. Wählen Sie für Haupttitel mittel oder dick, für das Übrige mittel. Die dünnen Stifte sind auf grössere Distanzen schlecht lesbar. Ein Tipp: Halten Sie den Stift so, dass er bei einem Senkrechtstrich den dicksten Strich ergibt, d.h. die Spitze des Stiftes nach rechts oben («Richtung 14 Uhr»).

6 Informationen verarbeiten

Materialien für Zuhörer Besonders wenn Sie etwas zu erarbeiten und präsentieren haben, was letztlich auch alle andern Lernenden in ihr Wissen aufnehmen müssen (z. B. Zusammenfassung und Interpretation eines anspruchsvollen Textes), werden die Mitschülerinnen und Mitschüler es schätzen, wenn Sie das Wesentlichste Ihrer Präsentation auch als schriftliche Unterlage erhalten.

- Halten Sie diese Unterlage ähnlich knapp wie die Folien, oft ist es am sinnvollsten, gleich Kopien der Folien zu verteilen.
- Halten Sie auf der Unterlage fest: Verfasser, Datum sowie etwaige Literaturhinweise.
- Lassen Sie auf der Unterlage genügend Platz frei für Notizen der Zuhörer.
- Verteilen Sie die Unterlage dann, wenn die Mitschüler sie am besten brauchen können. Sehr oft ist das schon während der Präsentation der Fall, denn damit ist ihnen von allem Anfang an klar, was sie noch zusätzlich notieren sollen. Dass damit die Aufmerksamkeit beim Zuhören abnehmen könnte, ist zwar eine berechtigte Befürchtung. Dem können Sie aber dadurch begegnen, dass Sie interessant präsentieren und die Unterlage kurz halten.

2 Eine Präsentation durchführen

Ihre Präsentation soll zwar in erster Linie durch den Inhalt überzeugen. Sie können aber mit Ihrem Verhalten erstens die Aufmerksamkeit der Zuhörenden wecken und aufrecht erhalten und zweitens den Inhalt verständlicher machen.

Standort In aller Regel sollten Sie stehend vortragen, nur bei ganz kleinen Gruppen können Sie auch in der Runde der Zuhörer sitzen bleiben (sog. Rundtisch). Soweit der Standort frei wählbar ist, sollten Sie sich so vor die Gruppe/Klasse stellen, dass Sie die Hilfsmittel (z. B. Hellraumprojektor) problemlos erreichen und bedienen können, die ganze Klasse gut im Auge haben und den Zuhörenden den Blick auf die Hilfsmittel nicht verdecken.

Augenkontakt Nachdem Sie Ihren Standort eingenommen haben, lassen Sie als Erstes Ihren Blick kurz durch das Publikum schweifen und beginnen Sie erst dann zu sprechen. Während der Präsentation sollten Sie weiterhin möglichst häufig Augenkontakt zu den Zuhörern haben. Dabei sollten Sie nicht immer dieselben Personen anschauen (auch nicht die Lehrperson!), sondern den Blick schweifen lassen. Dies ist ein bewährtes Mittel, um die Aufmerksamkeit zu erhöhen, zudem kommunizieren Sie den Inhalt sozusagen auf einem zweiten Kanal und können auch mögliche Unklarheiten oder Unruhe eher feststellen.

6.5 Überzeugend präsentieren

Sprache Die Art, wie Sie Ihre Aussagen formulieren, ist zentral für die Wirkung Ihrer Präsentation. Beachten Sie Folgendes:
- Frei formulieren: Lesen Sie nicht wortwörtlich von Ihrer Unterlage ab, sondern formulieren Sie möglichst frei. Dabei dürfen Sie sich natürlich an ein Stichwortkonzept halten – eine Kopie der zu zeigenden Folien, versehen mit einigen zusätzlichen Hinweisen, erfüllt beispielsweise diese Funktion sehr gut.
- Bilden Sie kurze und damit besser verständliche Sätze. Verwenden Sie einerseits die üblichen Fachbegriffe, anderseits aber auch eine bildhafte Sprache, indem Sie entsprechende Wörter verwenden (z. B. «betonen», «unterstreichen», «einprägen», «hervorheben») und vieles mit Beispielen veranschaulichen.
- Vermeiden Sie störende Füllwörter («nun», «also») oder Sprachmarotten («äh», «mh»).
- Sprechen Sie laut und deutlich. Modulieren Sie aber Ihre Stimme etwas, indem Sie zwischen «lauter» und «leiser» sowie «besonders betonen» und «weniger betonen» abwechseln.
- Variieren Sie mit dem Sprechtempo; sprechen Sie wichtige Passagen langsamer und legen Sie abschnittsweise kurze Pausen (ca. drei Sekunden) ein. Sprechen Sie grundsätzlich nicht so schnell, wie wenn Sie jemandem einen ausformulierten Text nur vorlesen würden.

Körpersprache Durch Ihre Körperhaltung und Ihren Gesichtsausdruck (Gestik, Mimik) können Sie Ihre Ausführungen wesentlich unterstützen.
- Stehen Sie mit beiden Füssen fest auf dem Boden und halten Sie den Kopf aufrecht.

6 Informationen verarbeiten

- Halten Sie Ihre Arme zu Beginn des Vortrages locker am Körper anliegend und angewinkelt. Verschränken Sie Ihre Arme nicht und verstecken Sie Ihre Hände nicht im Hosensack, sondern halten Sie diese zum Artikulieren bereit, indem Sie beide Arme angewinkelt halten und die Hände vor dem Magen locker ineinander legen. Wenn Ihnen diese Haltung noch zu wenig Sicherheit verleiht, können Sie sich auch am «Rednerpult» festhalten.
- Laufen Sie nicht wie ein Raubtier ziellos hin und her, sondern versuchen Sie an einem gut gewählten Standort mit möglichst leichtem Zugang zu den Zuhörenden (z. B. seitlich des Hellraumprojektors) ruhig stehen zu bleiben. Dies bedeutet aber nicht, dass Sie nicht ab und zu auch Ihre Position wechseln oder auf das Publikum zugehen sollten.

Hilfsmittelbedienung Die Hilfsmittel, die Sie vorbereitet haben, kommen erst richtig zur Wirkung, wenn Sie diese auch zweckmässig einsetzen und bedienen.

- Wie bereits erwähnt, sollten Sie den Zuhörern den Blick auf die Hilfsmittel nicht verdecken. Je nach Raum und Sitzordnung reicht es, wenn Sie links neben dem Hellraumprojektor stehen und nur mit einem Zeigestift auf die Folie weisen, die Wandtafel hochschieben oder neben das Plakat treten und mit ausgestrecktem Arm darauf zeigen. Es kann aber auch notwendig sein, dass Sie weiter vom Hilfsmittel wegstehen, damit der Blick darauf frei bleibt.
- Schalten Sie den Hellraumprojektor aus, wenn Sie ihn nicht gebrauchen. Vermeiden Sie aber ein dauerndes Ein- und Ausschalten, wenn zwischen dem Präsentieren von zwei Folien nur wenige Augenblicke (Faustregel: bis zu 30 Sekunden) vergehen.
- Geben Sie den Zuhörern genügend Zeit, von den Hilfsmitteln abzuschreiben, sofern Sie die dazu passenden Kopien nicht abgeben.
- Wenn Sie Folien bzw. Plakate nicht im Voraus beschriftet haben, sondern erst während der Präsentation beschriften, dann gelten dieselben Empfehlungen wie zur Vorbereitung der entsprechenden Hilfsmittel.
- Halten Sie eine gute Ordnung an Ihrem Vortragsplatz, indem Sie etwa Ihre Folien und Manuskriptblätter nach und nach systematisch zur Seite legen.

Fragen oder Diskussion Oft endet ein Vortrag nicht mit dem letzten gesprochenen Satz, sondern es können anschliessend Fragen gestellt werden oder es findet eine eigentliche Klassendiskussion statt. Je nachdem, ob Sie diese Phase selbst leiten müssen oder die Lehrperson dies übernimmt, gelten die folgenden Empfehlungen sinngemäss.

- Beginnen Sie die Diskussionsrunde mit einer kleinen Einleitung, bei der Sie die Zuhörenden ermutigen, sämtliche ihnen auf der Zunge liegenden Fragen zu stellen. (Mögliche Eröffnungsfragen sind: «Zu welchen Teilen meiner Ausführungen haben Sie noch Fragen?» oder «Wem darf ich als ‹Eisbrecher› das Wort geben?».)
- Manchmal dauert es eine gewisse Zeit, bis sich jemand meldet. Erdulden Sie diese Stille, ohne dass Sie sich sofort gezwungen fühlen, das Schweigen selbst zu brechen. Sollten wider Erwarten keine Fragen

6.5 Überzeugend präsentieren

bzw. keine Einwände auftauchen, können Sie Ihr Publikum auch ein wenig provozieren, indem Sie eine umstrittene These in den Raum stellen.

- Vermeiden Sie, die gestellten Fragen zu werten (z. B. «Das ist eine sehr wichtige Frage.»), denn jede Frage ist aus der Sicht eines Zuhörers berechtigt. Etwas anderes ist es, beispielsweise zu äussern «Diese Frage wird in der Literatur ebenfalls diskutiert.».
- Hören Sie den Fragestellern aufmerksam und interessiert zu und gehen Sie möglichst direkt auf die Fragen bzw. Einwände ein.
- Fragen Sie zurück, wenn Sie eine Frage nicht genau verstanden haben und flüchten Sie nicht in Allgemeinaussagen. Dadurch signalisieren Sie, dass Sie an der Meinung des Zuhörers interessiert sind.
- Bieten Sie bei offen gebliebenen Fragen an, dass Sie diese klären und die Antwort nachreichen werden.
- Betrachten Sie Ihnen missfallende Einwände nicht als persönliche Kritik. Nehmen Sie keine Abwehrhaltung ein, sondern bedanken Sie sich für die Anregung und stellen Sie sich offen dem Gespräch.
- Nutzen Sie auch in der Frage- und Diskussionsrunde die Ihnen zur Verfügung stehenden Medien und visualisieren Sie wichtige Punkte.

6 Informationen verarbeiten

3 Eine Präsentation nachbearbeiten

Natürlich können Sie sich in Ihrer Präsentationstechnik laufend weiter verbessern, indem Sie den ganzen Vortrag und auch die anschliessende Frage- bzw. Diskussionsrunde im Nachhinein nochmals kritisch reflektieren. Was ist mir gut gelungen? Was würde ich bei einer nächsten Präsentation anders machen, erstens beim selben Thema, zweitens unabhängig vom Thema?

Arbeitsvorschläge

6.5.1 Schauen Sie sich im Fernsehen oder live Vorträge an und notieren Sie sich Punkte, wodurch sich gute von schlechten Rednern unterscheiden.

6.5.2 Tauschen Sie in Zweiergruppen verschiedene Themenvorschläge aus und überlegen Sie sich, wie Sie durch einen interessanten Einstieg die Aufmerksamkeit gewinnen wollen.

6.5.3 Schauen Sie sich einmal eine Diskussionssendung am Fernsehen ohne Ton an und achten Sie bewusst nur auf die Gestik der Redner. Notieren Sie sich, was Ihnen gut gefallen hat und wo Sie Gesten als störend empfunden haben.

6.5.4 Überlegen Sie sich vor Ihrem nächsten Vortrag mögliche kritische Einwände aus dem Zuhörerkreis und bereiten Sie schriftlich passende Antworten vor.

6.5.5 Beobachten Sie eine Präsentation einer Klassenkollegin bzw. eines Klassenkollegen und beurteilen Sie diese im Hinblick auf:
– Inhalt (Auswahl der Themen; Verständlichkeit; logischer Aufbau; sachliche Korrektheit)
– Umsetzung (Wecken von Interesse, Spannung; Einsatz von Hilfsmitteln)
– Auftreten (Blick zur Klasse; verständliche Sprache; Körperhaltung)
Geben Sie der Kollegin bzw. dem Kollegen anschliessend ein konstruktives Feedback.

6.5.6 Fordern Sie eine Kollegin bzw. einen Kollegen auf, Ihre Präsentation kritisch zu beobachten und Ihnen ein konstruktives Feedback zu geben (vgl. Arbeitsvorschlag 6.5.5). Analysieren Sie Ihre eigene Präsentation anhand derselben Kriterien und vergleichen Sie Ihre Selbsteinschätzung mit der Fremdbeurteilung. Fassen Sie Vorsätze für Ihre nächste Präsentation.

Selbstkontrolle → Leitfragen S. 11

7 Prüfungen bewältigen

Worum geht es?

Prüfungen gehören zum Schulalltag und bestimmen Ihr Lernverhalten über längere Phasen. Deshalb ist es für Sie entscheidend, über geeignete Strategien zu verfügen, um sich auf die Prüfungen angemessen vorzubereiten, während der Prüfungen zielorientiert und konzentriert das Bestmögliche zu leisten und nach den Prüfungen im Hinblick auf weitere Prüfungen Verhalten und Leistungen zu analysieren und wenn nötig zu verbessern.

Prüfungsstrategien haben vieles gemeinsam mit dem Erwerben von Wissen und dem positiven Gestalten einer Lernsituation. Darüber hinaus gilt es aber, für Prüfungen auch spezielle Strategien zu haben, denn in Prüfungen herrschen erfahrungsgemäss erschwerte Bedingungen. Die folgenden Empfehlungen sollen Ihnen helfen, die oft gehörte Erfahrung zu vermeiden: «Ich habe den Stoff gut gelernt und auch beherrscht, aber in der Prüfung ist es mir nicht gelungen, dies zu zeigen.»

Lernstrategien

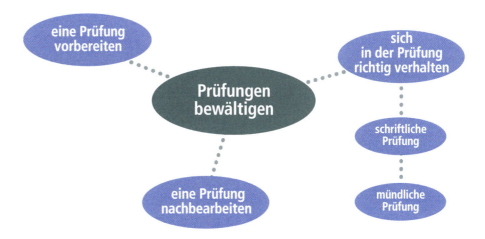

1 Eine Prüfung vorbereiten

Die beste Prüfungsvorbereitung besteht darin, möglichst **begleitend** zum Unterricht zu **lernen,** d.h. den Stoff zu verarbeiten und dabei auch die Hausaufgaben rechtzeitig und möglichst selbständig zu erledigen. Und trotzdem: Als Prüfungsvorbereitung reicht dies nicht aus, oft ist es unmöglich, in allen Schulfächern den Stoff immer begleitend gründlich zu verarbeiten. Häufig gewinnen Sie den Überblick erst, wenn Sie den

7 Prüfungen bewältigen

ganzen Prüfungsstoff nochmals gesamthaft wiederholen können, und schliesslich braucht es nicht selten auch eine gewisse Zeit, bis Sie überhaupt entdecken, wo Sie noch Schwierigkeiten haben.

Prüfungssituation einschätzen

Überlegen Sie sich rechtzeitig vor einer Prüfung, was alles auf Sie zukommt, schätzen Sie also die Prüfungssituation realistisch ein. Überlegen Sie, was Sie über eine bevorstehende Prüfung bereits wissen, damit Sie sich gezielt vorbereiten können. Fragen Sie sich etwa Folgendes:

- Wann findet die Prüfung statt? Wie lange dauert sie? Ist mit einer Überraschungsprüfung zu rechnen?
- Was ist Prüfungsstoff? Was muss man können: viele Einzelheiten wissen, Zusammenhänge beschreiben, ähnliche Aufgaben wie im Unterricht lösen, eigene Beispiele geben, etwas selbständig beurteilen und eine Meinung formulieren?
- Welche Form hat die Prüfung: Wird schriftlich oder mündlich geprüft? Welche Form haben die Aufgaben: Bearbeitungsaufgaben (man muss eine Antwort formulieren), Auswahlaufgaben (man muss aus verschiedenen Antwortmöglichkeiten auswählen)? Wie ausführlich müssen Antworten sein?
- Wie viele Aufgaben werden gestellt? Hat man erfahrungsgemäss genügend Zeit zur Verfügung? Muss man sich in der Prüfung sehr beeilen, oder ist es sogar so, dass der Prüfende gar nicht erwartet, dass man alles bewältigt? Kann man auch auswählen, welche Aufgaben man lösen will (z.B. Wahl aus vier Aufsatzthemen, sechs aus acht Rechenaufgaben)?

7 Prüfungen bewältigen

Sich selbst einschätzen

Schätzen Sie auch sich selbst realistisch ein. Überlegen Sie, wie gut Sie sich schon vorbereitet fühlen, und entscheiden Sie, was Sie noch neu erarbeiten, was vertiefen und was nur noch wiederholen müssen. Fragen Sie sich:

- Was habe ich bereits richtig verarbeitet (gelesen, markiert, zusammengefasst usw.)? Was habe ich überhaupt noch nicht bearbeitet? Was habe ich nur überflogen? Was habe ich bereits ein- oder mehrmals wiederholt und geübt?
- Wo fühle ich mich schon sicher? Wo habe ich Lücken? Was habe ich im Unterricht nicht richtig verstanden? Wo hatte ich bei den Übungen Probleme? Welche Fehler habe ich in der vorhergehenden Prüfung gemacht?
- Was für eine Note will, kann oder muss ich realistischerweise erreichen? Wie wichtig ist diese Prüfung überhaupt?
- Wann spätestens muss ich mit der Vorbereitung beginnen, damit ich nicht unter einen Druck gerate, der mich blockiert?

Vorbereitungsplan

Planen Sie rechtzeitig, wie Sie sich vorbereiten wollen, sowohl für eine einzelne Prüfung während des normalen Schulbetriebs als auch für eine grössere Schlussprüfung in mehreren Fächern.

- Arbeiten Sie mit einem Zeitbudget und Zeitplan. Die Empfehlungen, Formulare und Beispiele im Kapitel «Umgang mit der Zeit» können Ihnen dabei nützlich sein.
  - Fragen Sie sich, wie viel Zeit Sie überhaupt für die Vorbereitung einsetzen können.
  - Stellen Sie im Detail zusammen, welches Material zur Vorbereitung nötig ist (Lehrbuch, Notizen usw.), und machen Sie sich ein genaues Bild über den Stoffumfang.
  - Stellen Sie zusammen, was Sie alles tun müssen während der Vorbereitung (Erstmals lesen und verarbeiten? Nochmals lesen und vertiefen? Wiederholen und üben?), und überlegen Sie, in welcher Reihenfolge Sie vorgehen wollen.
  - Schätzen Sie den zeitlichen Anteil für jedes Fach, wenn Sie eine Schlussprüfung in mehreren Fächern vorbereiten.
  - Schätzen Sie die Zeit, die Sie für die einzelnen Schritte brauchen (schätzen Sie vorsichtig, indem Sie zu Ihrer ersten Schätzung gleich 30 bis 50 % für Unvorhergesehenes dazuschlagen).
  - Erstellen Sie den eigentlichen Zeitplan. Planen Sie mehrere «Portionen», und verteilen Sie diese auf mehrere Tage und bei Grossprüfungen auf mehrere Wochen. Dazu eine Faustregel: Beginnen Sie bei angekündigten Prüfungen während des normalen Schulbetriebs vier bis sieben Tage vor der Prüfung mit der Vorbereitung. Wenn Sie mehrere Fächer vorbereiten müssen, dann wechseln Sie zwischen den verschiedenen Fächern ab; wenn Sie nur ein Fach vorbereiten müssen, dann versuchen Sie, zwischen unterschiedlichen Tätigkeiten abzuwechseln (z. B. Wörter, Grammatik, Übersetzen, Wörter wiederholen, Spezialfälle bei Grammatik und Übersetzung wiederholen). Kontrollieren Sie auch, wieweit Sie den Plan auch einzuhalten vermögen, und passen Sie ihn nötigenfalls an.

7 Prüfungen bewältigen

Lernprozess Nun können Sie mit dem eigentlichen Lernen beginnen. Wie Sie das am besten tun und was alles dazu gehört, hängt davon ab, wie Sie die Prüfungssituation eingeschätzt haben und besonders, ob und wie gründlich Sie schon begleitend gelernt haben. Zwei typische Situationen sollten Sie unterscheiden:

- Wenn Sie einen Stoff völlig neu erarbeiten müssen (z. B. den Text im Lehrbuch noch nie gelesen haben), dann müssen Sie zunächst das Wesentliche bestimmen und die Informationen **anreichern und ordnen,** bevor Sie mit Wiederholen und Üben beginnen können.
- Wenn Sie einen Stoff schon einmal erarbeitet haben, dann liegt das Schwergewicht auf dem **Wiederholen und Üben,** wobei das Vertiefen mittels Anreichern und Ordnen von Informationen nach wie vor eine Rolle spielt. Wechseln Sie zwischen «gründlich wiederholen» und «zusammenfassend wiederholen» ab, wobei Sie umso gründlicher wiederholen müssen, je weniger intensiv Sie den Stoff bereits früher wiederholt haben und je weniger gut Sie den Stoff beherrschen. Beachten Sie die verschiedenen Empfehlungen zum Wiederholen und Üben im Kapitel «Informationen verarbeiten». Hier sei aber Folgendes hervorgehoben:
  - Wenn Schwierigkeiten auftauchen (Sie haben z. B. etwas noch nicht verstanden), dann bemühen Sie sich jetzt, diese Probleme zu lösen (auch deshalb ist es wichtig, frühzeitig mit der Vorbereitung zu beginnen). Allerdings müssen Sie auch akzeptieren, einmal nicht alles zu können, wenn Sie dann zur Prüfung antreten.
  - Lösen Sie auch die Übungen nochmals, die im Unterricht behandelt oder als Hausaufgaben erteilt wurden. Dabei sollten Sie nicht dauernd die Lösung zuerst anschauen. Teilen Sie entweder die Übungen auf: Die einen (oft im Theorieheft zu finden) studieren Sie zusammen mit der Theorie, die anderen lösen Sie dann selbständig und vergleichen erst anschliessend Ihre Lösung mit der Musterlösung. Oder studieren Sie die Lösungen zuerst, und lösen Sie die Aufgaben erst am nächsten Tag nochmals selbständig.
  - Suchen Sie nach weiteren Aufgaben, die Sie im Unterricht nicht schon gelöst haben. Lösen Sie diese und überlegen Sie sich dabei, was in diesen Aufgaben gleich, was vielleicht aber auch anders ist als bei den im Unterricht gelösten Aufgaben.
  - Entwerfen Sie selbst oder mit Ihren Mitschülern zusammen Prüfungsfragen, halten Sie diese sowie Lösungen schriftlich fest (z. B. im Heft oder auf Karteikarten) und fragen Sie sich gegenseitig ab. Einerseits können das Wissensfragen sein, mit denen sie kontrollieren, ob Sie das, was Sie studiert haben, wiedergeben können. Anderseits sollten Sie aber auch vertiefende Denkfragen stellen, beispielsweise: Womit könnte man das auch noch vergleichen? Welche persönliche Meinung habe ich dazu? Wie könnte man das grafisch darstellen? Welche Beispiele könnte ich dazu nennen?
  - Ergänzen und überarbeiten Sie fortlaufend Ihre Notizen (im Lehrbuch, im Heft, auf Einzelblättern, Karteikarten), indem Sie Informationen aus verschiedenen Quellen zu einer Zusammenfassung zusam-

menfügen, Schwieriges markieren, Schwieriges herausschreiben, umfangreiche Informationen weiter zusammenfassen (Skizze, Stichwörter).
- Erstellen Sie zum ganzen Prüfungsstoff in einem Fach oder bei einem sehr umfangreichen Stoff zu jeder grösseren «Portion» nochmals eine Grobübersicht (eine «Superzusammenfassung»), z.B. in Form einer Gedankenskizze (Mindmap) oder eines Stichwortkatalogs. Gehen Sie kurz vor der Prüfung in Gedanken nochmals diese Grobzusammenfassung durch und erzählen Sie nochmals kurz, um welche Hauptaspekte es geht und worauf Sie besonders achten müssen.
- Sofern Sie Unterlagen in eine Prüfung mitnehmen dürfen (sog. Openbook-Prüfung), organisieren Sie diese zweckmässig (z.B. ein differenziertes Nachschlageregister im Lehrbuch oder Ordner mit Post-it-Zetteln, kompakte Grobzusammenfassungen in Form weniger Mindmaps). Verlassen Sie sich allerdings nicht darauf, während der Prüfung noch alles nachschauen zu können, denn dazu wird die Zeit in den meisten Prüfungen nicht ausreichen. Eine Open-book-Prüfung sollte Sie auch nicht davon abhalten, den Prüfungsstoff gründlich zu verarbeiten. Sie sollten viele Dinge auswendig können, weil das Nachschlagen oft viel zu zeitaufwendig wäre (z.B. Wortschatz für eine Fremdsprachprüfung). Je nach Fachgebiet wird es aber nicht nötig sein, viele Einzelheiten (sog. Merkmalslisten) auswendig zu lernen, weil diese bei dieser Form von Prüfung nicht gefragt sein werden.
- Erarbeiten und wiederholen Sie den Prüfungsstoff in Etappen (vgl. «Üben und Wiederholen»).

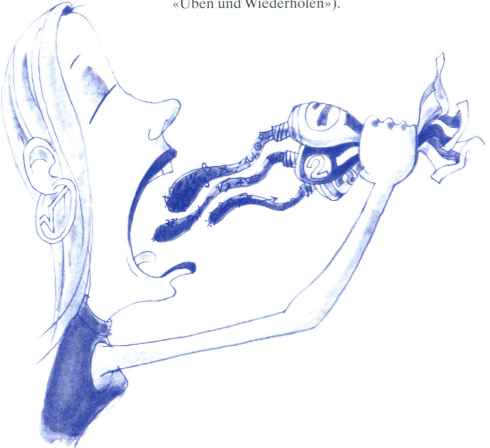

7 Prüfungen bewältigen

Probeprüfungen
Vor einer grossen Prüfung (Lehrabschluss-, Diplom-, Maturitätsprüfung) sollten Sie Probeprüfungen absolvieren, wenn dazu Musterserien bestehen. Sie üben dabei auch, die Zeit, die im Ernstfall zur Verfügung steht, richtig einzuteilen und durchzustehen.

In Gruppen vorbereiten
Arbeiten Sie bei der Vorbereitung auch mit Mitschülern zusammen, wenn Sie dazu das Bedürfnis haben und gute Erfahrungen gemacht haben (s. 9 «In Gruppen lernen und arbeiten»).

Prüfungsstrategie – Wie werde ich mich in der Prüfung verhalten?
Legen Sie sich eine Strategie zurecht, wie Sie die Prüfung angehen wollen, wenn Sie bereits Genaueres über den Aufbau der Prüfung und die zu erwartenden Aufgabenformen wissen. Beispielsweise könnten Sie sich also sagen: «Wenn die dreistündige Prüfung aus drei gleich gewichteten Gebieten bestehen wird, beginne ich mit jenem Gebiet, in welchem ich mich am stärksten fühle.» Oder: «Wenn ich innerhalb von vier Stunden einen Aufsatz zu verfassen habe, dann teile ich die Zeit folgendermassen ein: 15 Minuten Themenwahl, 45 Minuten Erstellen der Disposition, 90 Minuten Entwurf, 60 Minuten Reinschrift, 30 Minuten Durchlesen und Reserve.».

Prüfungsmaterialien
Legen Sie rechtzeitig alle notwendigen Materialien für die Prüfung bereit. Vergessen Sie insbesondere nicht die Funktionskontrolle bei technischen Geräten.

Sich auf die Prüfung einstimmen
Zur Prüfungsvorbereitung gehört auch, wie Sie sich kurz vor der Prüfung verhalten. Die folgenden Empfehlungen sollten Sie sinngemäss auf normale Prüfungen während des Schuljahres und auf Abschlussprüfungen anwenden.

- Gehen Sie mit der Zeit prüfungsorientiert um: Legen Sie nicht plötzlich vor der Prüfung Nachtschichten ein, wenn Sie sonst mehr Schlaf brauchen. Üben Sie sich im rechtzeitig Aufstehen, wenn Sie wissen, dass die Prüfung frühmorgens stattfinden wird.
- Kommen Sie rechtzeitig zur Prüfung, also nicht im letzten Moment, aber auch nicht eine Viertelstunde zu früh.
- Lassen Sie sich nicht in beunruhigende Gespräche verwickeln, wie etwa «Was hast Du alles gelernt? Hast Du das auch nicht verstanden? Kannst Du mir das noch rasch erklären?».
- Wenn es Ihnen freisteht, wählen Sie im Prüfungsraum einen guten Arbeitsplatz, an dem Sie sich am wenigsten gestört fühlen.
- Richten Sie Ihren Arbeitsplatz ein und stellen Sie die notwendigen Materialien bereit (z.B. Papier versehen mit Name, Datum und Korrekturrand, Klausurenheft, Füllfeder, Zeichenstifte, Zirkel, Taschenrechner, erlaubte Unterlagen, Verpflegung).
- Entspannen und konzentrieren Sie sich, beispielsweise: Augen schliessen, durchatmen, an etwas Schönes denken, positiv denken («Ich schaffe es.»).

7 Prüfungen bewältigen

2 Sich in einer schriftlichen Prüfung richtig verhalten

Überblick verschaffen Nachdem Sie die Prüfungsaufgaben erhalten haben, verschaffen Sie sich zunächst einen Überblick.

- **Lesen** Sie die **Anweisungen** bzw. hören Sie aufmerksam zu, wenn diese mündlich erteilt werden:
  - Werden stichwortartige oder ausführliche Antworten erwartet?
  - Sollen die Lösungen auf das Aufgabenblatt oder auf ein separates Blatt notiert werden?
  - Muss das Lösungsblatt besonders eingeteilt werden (z. B. Rand für Korrektur, Querstrich nach jeder Aufgabe)?
  - Dürfen Farben verwendet werden?

- **Überfliegen Sie die Prüfung.** Setzen Sie dafür aber situationsgerecht mehr oder weniger Zeit ein (bei einer vierstündigen Prüfung können Sie sich dafür sicher eine bis fünf Minuten gestatten, in einer üblichen vierzigminütigen Prüfung muss dafür meist eine Minute ausreichen). Fragen Sie sich etwa:
  - Ist die Prüfung in verschiedene Teile unterteilt, z. B. nach Themen oder nach Aufgabenformen (Bearbeitungsaufgaben, Auswahlaufgaben)?
  - Wo befinden sich die Aufgaben? Achten Sie darauf besonders, wenn Aufgaben und Lösungsblätter gemischt sind. Schon öfter wurde vor lauter Lösungsblättern eine Aufgabe übersehen!
  - Wie viele Aufgaben sind zu lösen?
  - Ist die Gewichtung der einzelnen Aufgaben ersichtlich?
  - Wird für einzelne Aufgaben eine Richtzeit empfohlen?

7 Prüfungen bewältigen

– Worum geht es in den einzelnen Aufgaben? (Dies sollten Sie allerdings nur prüfen, wenn wenige Aufgaben gestellt werden; handelt es sich um zahlreiche Aufgaben, dann beginnen Sie gleich mit dem Lösen.)
– Welches scheinen die leichtesten Aufgaben zu sein? (Oft stehen die aus Sicht der Prüfenden leichteren Aufgaben am Anfang. Manchmal sind die Prüfungsaufgaben aber auch sachlogisch gereiht und geben somit noch keinen Aufschluss über den Schwierigkeitsgrad.)
– Kommen mir spontan Ideen? (Notieren Sie diese gleich.)

Arbeitsplan Legen Sie sich Ihren Arbeitsplan fest. Dafür können Sie bei einer mehrstündigen Prüfung nochmals wenige Minuten einsetzen, bei einer kürzeren Prüfung muss Ihnen das sehr rasch durch den Kopf gehen. Erinnern Sie sich dazu auch an die Strategie, die Sie sich möglicherweise während der Prüfungsvorbereitung überlegt haben.

- Fragen Sie sich, mit welcher Aufgabe Sie beginnen sollen: Beginne ich mit einer mir leicht scheinenden Aufgabe (was für viele das Beste ist), löse ich zuerst die Auswahlaufgaben, bearbeite ich zuerst Aufgaben aus meinem «Spezialgebiet»?
- Bei grösseren Prüfungen sollten Sie auch ein grobes Zeitbudget erstellen: Wie viel Zeit setze ich für welche Aufgabe oder welchen Aufgabenteil ein (z. B. bei einem Aufsatz für die Disposition, den Entwurf und die Reinschrift)?

Aufgaben lösen Und nun lösen Sie in einer schriftlichen Prüfung die einzelnen Aufgaben. Halten Sie sich an den folgenden Arbeitsprozess:

- **Lesen** Sie die **Aufgabe** genau und markieren bzw. unterstreichen Sie wichtige Schlüsselwörter, besonders die Aufträge. Erscheint Ihnen eine Aufgabe schwierig oder unverständlich, geben Sie nicht gleich auf, sondern lesen Sie die Aufgabe nochmals. Bei längeren Aufgaben (z. B. bei mehrseitigen Falltexten) sollten Sie sich zunächst nur den Überblick verschaffen (z. B. Einleitung, Fragestellungen/Aufträge, Gliederung des Textes, Materialien) und in einem zweiten Schritt die Informationen aufgabenorientiert gründlich studieren.
– Was ist verlangt oder gesucht (z. B. eine Berechnung, eine grafische Darstellung, eine Aufzählung, eine Beschreibung mit Beispielen, ein Vergleich, eine persönliche Meinung)? Beachten Sie dazu besonders die Aufträge und überlegen Sie sich, was damit gemeint ist. Die folgende Liste kann Ihnen helfen, Aufgabenstellungen besser zu verstehen. Allerdings muss gleich vor etwas gewarnt werden. Betrachten Sie ein Auftragswort nicht für sich allein, sondern interpretieren Sie es im Zusammenhang mit der ganzen Aufgabenstellung. Beachten Sie zudem, dass nicht alle Aufgabensteller so differenziert überlegen, was sie

7 Prüfungen bewältigen

von einem Auftragswort erwarten (v. a. bei Wörtern wie «beschreiben», «darlegen», «erklären»). Schliesslich ist auch darauf zu achten, ob in einer Einleitung zur Prüfung Genaueres darüber gesagt wird, in welcher Art die Antworten erwartet werden. So könnte es in einer einzelnen Aufgabe wohl heissen «nennen Sie die vier Merkmale von», gleichzeitig wird aber in der Einleitung zur Prüfung gesagt, dass man keine Stichwortlisten wünsche, sondern gründliche Ausführungen. Vorsichtigerweise würden Sie hier also jedes Merkmal nicht nur nennen, sondern auch noch charakterisieren.

Was bedeuten Aufträge in Prüfungsaufgaben?

- aufzählen — Punkte auflisten, dabei evtl. eine bestimmte Reihenfolge einhalten

- nennen — Punkte, Gedanken, Argumente, Fakten usw. auflisten

- wiedergeben — etwas möglichst nach Lehrbuch usw. darlegen

- anwenden — zeigen, wie ein Prinzip, Gesetz usw. in der Praxis funktioniert; die Theorie zur Lösung eines praktischen Problems beiziehen

- beschreiben, umschreiben — angemessen ausführlich/detailliert in freien Worten oder in der Fachsprache darlegen, wobei nicht eine wortwörtliche Wiedergabe erwartet wird, sondern zu zeigen ist, dass man etwas in seine eigene Sprache «übersetzt» hat

- illustrieren — mit Beispielen veranschaulichen

- zeichnen, skizzieren — etwas (Ganzes und Teile) bildhaft darstellen, die Teile benennen und evtl. auch noch in Worten beschreiben

- erklären — etwas deutlich machen, indem man besonders das «Wie» und «Weshalb» beleuchtet

- interpretieren — die Bedeutung von etwas erklären, die Kernaussagen herausschälen (Text, Grafik), oft verknüpfen mit einem persönlichen Urteil

- zusammenfassen — die Hauptgedanken kurz und gut strukturiert zusammenstellen, ohne auf Einzelheiten und Beispiele einzugehen

7 Prüfungen bewältigen

- **unterscheiden** — die Unterschiede zwischen Dingen anhand bestimmter Merkmale/Kriterien herausheben

- **vergleichen** — Gemeinsamkeiten und Unterschiede von Dingen in Bezug auf bestimmte Merkmale/Kriterien herausarbeiten

- **analysieren** — etwas in Bezug auf vorgegebene oder selbst bestimmte Kriterien auseinander nehmen und das Zusammenwirken der Teile zeigen

- **diskutieren** — etwas breit und tief und von verschiedenen, oft kontroversen Standpunkten aus prüfen und darlegen; Gründe und Argumente hervorheben

- **kommentieren** — kurz diskutieren

- **belegen** — etwas logisch und überzeugend nachweisen

- **beurteilen** — etwas in Bezug auf gewisse Kriterien werten. Dies schliesst eine vielseitige Betrachtung mit ein (s. diskutieren).

- Wie muss die Lösung präsentiert werden: ankreuzen, Stichworte, ausführliche Beschreibung, Entwurf und Reinschrift usw.?
- Besteht die Aufgabe aus einem Teil oder aus mehreren Teilen?
- Welche inhaltlichen Lösungshinweise gibt die Aufgabe schon? Was ist also gegeben (z. B. Zahlen, Begriffe, Quellen)?
- Beachten Sie bei Auswahlaufgaben (Aufgaben zum Ankreuzen) besonders die Tipps in der folgenden Tabelle:

Empfehlungen zum Lösen von Auswahlaufgaben

- Um welche Art von Auswahlaufgabe handelt es sich?
- Richtig-Falsch-Aufgabe, bei der Sie entscheiden müssen, ob eine Aussage, ein Begriff, eine Zahl oder etwas Ähnliches richtig oder falsch ist.
- Mehrfachwahlaufgabe, bei der Sie aus mehreren (meistens drei bis fünf) Alternativen die zutreffende auswählen müssen. Dabei muss die zutreffende Antwort nicht immer absolut richtig sein, sondern kann auch einfach zutreffender als andere Alternativen sein.
- Zuordnungsaufgabe, bei der Sie aus zwei Gruppen von Aussagen/Merkmalen/Begriffen/Fakten die jeweils zusammenpassenden Paare finden müssen.

- Lesen Sie zunächst die Frage. Beachten Sie, ob für ein falsch gesetztes Kreuz Punkte abgezogen werden. Bei Mehrfachwahlaufgaben ist besonders zu beachten:

7 Prüfungen bewältigen

- Trifft nur eine Antwort zu oder können auch alle oder mehrere Alternativen zutreffen bzw. können auch alle Antworten falsch sein?
- Wird danach gefragt, welche Alternative(n) sachlich richtig ist (sind), oder wird umgekehrt danach gefragt, welche Alternative(n) sachlich falsch ist (sind).

■ Wenn in der Einleitung zunächst eine Situation geschildert und anschliessend eine Frage gestellt wird, dann überlegen Sie sich zuerst, wie Sie die Frage in Ihren eigenen Worten beantworten würden, lesen Sie erst anschliessend die zur Auswahl stehenden Alternativen und vergleichen Sie sie mit Ihrer Lösung. Oft entdecken Sie so die zutreffende Antwort. Dieses Vorgehen ist natürlich nicht möglich, wenn die Aufgabe nur mit der Frage «Was trifft im Folgenden zu?» eingeleitet wird.

■ Lesen Sie anschliessend das Antwortangebot. Besonders bei Mehrfachwahl- und Zuordnungsaufgaben sollten Sie zunächst alles lesen, bevor Sie ankreuzen.

■ Wenn Sie die richtige Lösung nicht sofort finden, sollten Sie prüfen, ob die Aufgabe schon versteckte Hinweise gibt. Solche Hinweise sind:
- Ein bestimmtes Fachwort kommt in der Frage und nur in einer Alternative vor.
- Absolute Formulierungen (z.B. nur, immer, niemals, absolut) weisen oft darauf hin, dass eine Aussage sachlich falsch ist. Wird nach der sachlich richtigen Alternative gefragt, so kann eine solche Alternative ausgeschlossen werden, wird nach der sachlich falschen Alternative gefragt, kann gerade diese Alternative ins Auge gefasst werden.
- Alternativen, die in einer typischen Fachsprache formuliert sind, treffen eher zu als solche, die in der Umgangssprache gehalten sind.
- Sehr oft treffen längere Formulierungen eher zu als kürzere, weil die Fachsprache oft etwas komplizierter ist.
- Haben Sie aus einer Reihe von Zahlen (z.B. Jahreszahlen) die zutreffende auszuwählen, können Sie die höchste und die tiefste Zahl, also die Extremwerte eher ausschliessen als die mittleren.
- Oft lässt sich die Lösung auch aus sprachlichen Regeln ableiten. (Wenn z.B. in der Frage nach mehreren Merkmalen gefragt wird, dann fallen jene Alternativen ausser Betracht, die nur ein Merkmal enthalten.)

■ Beachten Sie auch die Anordnung der Alternativen. Da die Prüfenden tendenziell das Zutreffende verstecken wollen, treffen die mittleren Antworten immer wieder häufiger zu als die erste und die letzte Antwort. Prüfen Sie also bei Zweifeln die mittleren Alternativen besonders genau.

■ Bei einer Serie von Richtig-Falsch-Aufgaben sind tendenziell mehr Aussagen richtig und weniger Aussagen falsch.

7 Prüfungen bewältigen

- Beachten Sie, dass oft mehrere Alternativen neben Falschem auch richtige Elemente enthalten, Sie aber die Antwort zu finden haben, die nur Richtiges enthält. Es gibt auch Aufgaben, bei denen alle Alternativen nur Richtiges enthalten, nur eine Alternative aber vollständig ist.

- Wenn Sie nicht sicher sind, was zutrifft, dann schliessen Sie bei Mehrfachwahlaufgaben zunächst jene Antworten aus, die Ihrer Meinung nach sicher nicht zutreffen. Bei diesem Ausschlussverfahren verbleiben meistens noch zwei Alternativen in der engeren Wahl. Sinngemäss können Sie bei Zuordnungsaufgaben vorgehen.

- Wenn keine Abzüge für falsch gesetzte Kreuze gegeben werden, dann können Sie schliesslich auch noch raten. Beachten Sie dabei auch versteckte Lösungshinweise.

- Bei Zuordnungsaufgaben im Besonderen ist zu beachten: Streichen Sie fortlaufend jene Elemente ab, die Sie einander bereits zugeordnet haben. Sie verschaffen sich damit fortlaufend den Überblick über die noch verbleibenden Möglichkeiten. Dies gilt allerdings nur für den Fall, wo jedes Element nur einmal zugeordnet werden kann.

- **Denken** Sie **über** die **Lösung** nach. Rufen Sie Ihr Wissen aus dem Gedächtnis ab, suchen Sie bei Open-book-Prüfungen wenn nötig nach Informationen in Ihren Unterlagen und sammeln Sie weiterführende Gedanken. Fragen Sie sich:
  - Worum geht es überhaupt? Habe ich eine ähnliche Frage bzw. Aufgabe bereits überlegt oder gelöst?
  - Wenn Ihnen die Lösung nicht gleich in den Sinn kommt oder die Gedanken nicht einfach zu fliessen beginnen, dann suchen Sie ganz bewusst in Ihrem Gedächtnis und bei Open-book-Prüfungen sinngemäss in den Unterlagen:

  Gehen Sie in Gedanken zurück in Ihre Grobzusammenfassung (z.B. Mindmap) und fragen Sie sich, welche Themen überhaupt angesprochen sind. Gehen Sie dann in Ihre detaillierteren Unterlagen (Notizen, Lehrbuch, Karteikarten) und erinnern Sie sich an die Markierungen, Randbemerkungen und Strukturen. Und weil ja oft auch so genannte Denkfragen gestellt werden, suchen Sie nicht einfach weiter in Ihrem Gedächtnis nach etwas, was Sie in der verlangten Form im Unterricht nicht behandelt und auch noch nie selbst überlegt haben, sondern entwickeln Sie neue Gedanken (Ideen, Vorschläge, Argumente usw.), also setzen Sie Denkprozesse ein, die Sie beim Lernen auch immer wieder einsetzen. Schliesslich müssen Sie vielleicht manchmal sogar raten (besonders bei Auswahlaufgaben).

  Formulieren Sie die Frage in Ihre eigenen Worte um (z.B. Was will der Lehrer hier wirklich hören? Wie kann man diese mathematische Funktion auch in Worte übersetzen?). Bei mathematischen Aufgaben hilft auch das Schätzen eines Ergebnisses.

– Ordnen Sie Ihre Gedanken und überlegen Sie sich, wie Sie die Lösung/Antwort aufbauen wollen (besonders bei umfangreichen Aufgaben bzw. Antworten wie z. B. Briefen oder Aufsätzen). Halten Sie Ihre Gedanken laufend fest (z. B. in einer Skizze, in einem Schema, in einer Stichwortliste).

Wie baue ich eine längere Antwort auf?

Einleitung (ein Satz oder erster Abschnitt)	■ Frage oder Problem nochmals formulieren ■ Haupterkenntnis oder Antwort zusammenfassend formulieren ■ nichts sagende Einleitung vermeiden
Detailausführungen	■ zweckmässige Struktur wählen und konsequent durchziehen; grundsätzlich oder in einzelnen Abschnitten vom Allgemeinen zum Speziellen gehen und im Übrigen eine aufgabenspezifische Reihenfolge wählen, z. B.: – chronologische Reihenfolge – Problemlöseprozess – Denkmodell – entlang den Stichwörtern oder Aufträgen in der Aufgabenstellung ■ Aussagen und Behauptungen belegen ■ persönliche Meinungen, wenn solche überhaupt gefragt, gut belegen ■ Abschweifungen vermeiden
Schluss	■ Hauptgedanken nochmals kurz zusammenfassen

Beispiel: Disposition einer Aufgabenlösung

Frage: Vergleichen Sie die Kommunismustheorie von Marx und Lenin

Einführung: Kurze Beschreibung der Fragestellung

Vergleich:
- wann Revolution? (Zustand des Staates)
- wie geschieht Revolution?
- wer ist Träger der Revolution?
- Ziel der Revolution? Weltrevolution?
- wer soll herrschen?

} Gesichtspunkte → Vergleich

Schluss: Schlussfolgerung → Hauptunterschiede Hauptgemeinsamkeiten

7 Prüfungen bewältigen

- ■ **Produzieren** Sie Ihre **Lösung,** indem Sie ankreuzen, schreiben, rechnen, zeichnen, ganz entsprechend der Anweisung in der Aufgabenstellung. Kontrollieren Sie dabei immer wieder, ob Sie sich auf Thema und Aufgabenstellung konzentrieren und Ihren Gedankenplan nur wenn nötig ändern.
  - Und wenn Sie ins Stocken kommen und nicht mehr recht weiter wissen, dann halten Sie mindestens die Gedanken fest, die Ihnen in den Sinn kommen, oder wagen Sie wenigstens einen Entwurf, selbst wenn es nur Vermutungen sind. Zeigen Sie etwas Ausdauer, achten Sie aber auf die Zeit und gehen Sie weiter, statt sich zu verbohren.
  - Halten Sie Ihre Lösungen formal korrekturfreundlich fest, indem Sie leserlich schreiben, Ihre Ausführungen/Antworten gut strukturieren und Aufgaben wie Lösungsblätter nummerieren. Halten Sie auch genügend Platz zwischen den einzelnen Aufgaben offen, so dass Sie auch noch gegen Ende der Prüfung Ergänzungen anbringen können.
- ■ **Kontrollieren** Sie Ihre **Lösungen** gleich, während Sie die Antworten produzieren, sowie möglichst auch nochmals am Ende der Prüfung.
  - Halten Sie kurz inne, nachdem Sie eine Aufgabe oder eine Teilaufgabe gelöst haben, und überfliegen Sie die Lösung.
  - Überfliegen Sie gegen Ende der Prüfung nochmals die ganze Prüfung und fragen Sie sich besonders: Habe ich etwas ausgelassen? Wo war ich unsicher und habe bewusst etwas offen gelassen?
  - Oft reicht die Zeit nicht mehr aus, das Ganze nochmals gründlich anzuschauen. Es gibt aber Fälle, wo dafür von Anfang an etwa 10 % der Prüfungszeit vorgesehen werden sollten, so etwa bei Aufsätzen, Briefen, Diktaten und längeren Übersetzungen.

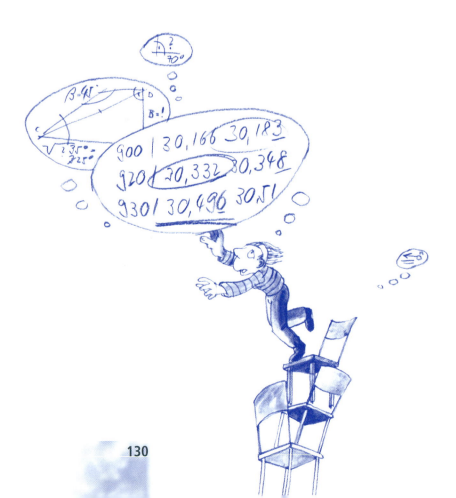

- Korrigieren Sie Ihre Lösungen, wenn Sie offensichtliche Fehler feststellen. Seien Sie aber vorsichtig, wenn Sie bei etwas nur zweifeln, ob es richtig oder falsch ist. Der erste Gedanke ist, wenn man sich gut vorbereitet hat, häufig der beste!
- **■ Kontrollieren Sie Ihr Verhalten** während der Prüfung.
- Behalten Sie den Zeitplan, den Sie am Anfang der Prüfung gemacht haben, im Auge.
- Verschnaufen Sie ganz kurz nach jeder Aufgabe oder nach einer grösseren Teilaufgabe, und konzentrieren Sie sich auf die nächste Aufgabe oder Teilaufgabe. Wenn Sie sich verkrampft fühlen, dann entspannen Sie sich kurz.
- Lassen Sie sich durch andere Mitprüflinge nicht ablenken und beunruhigen. Hören Sie aber aufmerksam zu, wenn die Lehrperson während der Prüfung noch Ergänzungen anbringt.
- Stellen Sie der Lehrperson Fragen, wenn dies grundsätzlich erlaubt ist und wenn Sie wirklich überzeugt sind, dass Ihnen etwas an der Aufgabenstellung unklar ist.

Prüfung abgeben Kontrollieren Sie bei Abgabe der Prüfung: Sind alle Lösungsblätter wie erforderlich beschriftet? Haben Sie auch wirklich alle Lösungsblätter abgegeben oder versehentlich Teile davon eingepackt? Wird verlangt, dass Sie auch Entwürfe abgeben, oder wird gerade dies nicht gewünscht? Kennzeichnen Sie auf jeden Fall Entwürfe entsprechend.

3 Sich in einer mündlichen Prüfung richtig verhalten

Für eine **mündliche Prüfung** gelten obige Empfehlungen zwar sinngemäss auch. Da aber in einer mündlichen Prüfung alles viel rascher geschieht und Sie durch Ihr Verhalten auch dauernd den Prüfungsverlauf beeinflussen können, sollten Sie besonders Folgendes beachten:

Prüfungsgespräch vorbereiten Sofern Sie sich auf das **Prüfungsgespräch vorbereiten** dürfen, indem Sie beispielsweise einen Text studieren oder ein paar Leitfragen überlegen müssen, während ein Mitschüler geprüft wird, dann konzentrieren Sie sich voll darauf: Schauen Sie nicht zu den Prüfenden und hören Sie möglichst nicht hin. Sammeln Sie Ihre Gedanken, so wie Sie das bei einer umfangreicheren Aufgabe in einer schriftlichen Prüfung auch täten. Halten Sie Ihre Gedanken stichwortartig fest. In der Regel nützt es aber nichts, wenn Sie die Antwort ausformulieren, denn Sie werden sie ja in der Regel nicht einfach vorlesen können. Stoppen Sie alle negativen Gedanken, auch wenn Sie Lücken und Unsicherheiten entdecken, und sagen Sie sich stattdessen beispielsweise: «Wenn ich dann spreche, kommen mir schon einige Ideen; der Prüfende wird mir dann auch noch helfen; ich kann ja noch Rückfragen stellen.»

7 Prüfungen bewältigen

Prüfungsgespräch positiv beeinflussen

In einer mündlichen Prüfung wird Ihre Leistung nicht nur von Ihrem Wissen und Können abhängen, sondern auch davon, wie Sie sich im Prüfungsgespräch verhalten.

- Schaffen Sie sich gleich zu Beginn gute **Startbedingungen** (Pünktlichkeit, gepflegte Erscheinung, Blickkontakt bei der Begrüssung usw.).
- **Hören Sie** bei den Fragen aufmerksam zu, schauen Sie dabei den Prüfenden an. Notieren Sie wenn nötig ein paar Stichworte.
- **Überlegen Sie kurz** und beginnen Sie dann zu sprechen. Zögern Sie nicht zu lange, schiessen Sie aber auch nicht einfach los. Beachten Sie für Ihre Antworten:
  - Wenn eine Frage recht weit gestellt ist, strukturieren Sie Ihre Antwort nach dem Prinzip: zuerst Hauptgedanken, dann unterstützende Einzelheiten. Geben Sie so erschöpfend Auskunft, wie Sie können. Stocken Sie in Ihren Formulierungen nicht dauernd, sonst ist der Prüfende versucht, Sie gleich zu unterbrechen und bei einem Detail oder Teilaspekt einzuhaken. Formulieren Sie keine zu komplizierten Sätze, in denen Sie sich selbst verlieren.
  - Wenn eine ganz präzise Frage gestellt wird, geben Sie auch präzis, kurz und bündig Antwort.
  - Nehmen Sie, soweit verfügbar, auch ein Hilfsmittel (meistens ein Notizpapier, manchmal auch die Tafel) zu Hilfe, um Ihre Ausführungen mit einer Skizze zu unterstützen.
  - Wenn Sie noch nicht ganz sicher sind, was Sie antworten sollen, aber nicht mehr länger zögern sollten, dann denken Sie einfach laut nach («Ich überlege mir da Folgendes …»; «Da muss man zwei Dinge miteinander vergleichen …»; «Daraus lässt sich Folgendes ableiten …»).
  - Wenn Ihnen eine Frage unklar ist, dann fragen Sie zurück. Wenn Sie etwas wirklich nicht wissen oder es Ihnen nicht in den Sinn kommt, dann sagen Sie es dem Prüfenden («Das kommt mir nicht mehr in den Sinn!»). Allerdings sollten Sie vermeiden, das allzu häufig zu sagen, denn sonst setzt sich dies negativ im Kopf des Prüfenden fest.
- Sprechen Sie **laut und deutlich** und **schauen** Sie den Prüfenden häufig an. Achten Sie aber nicht bewusst darauf, was er protokolliert oder was für Punktzahlen oder Noten er festhält.
- Versuchen Sie, dass aus der Prüfung kein blosses Abfragen wird, sondern ein **Gespräch** entsteht. Von Ihrer Seite können Sie dazu Folgendes unternehmen:
  - Unterbrechen Sie nicht, wenn der Prüfende Ihnen hilft oder etwas einwendet.
  - Gehen Sie auf Zusatzfragen oder Einwände ein. Vertreten Sie Ihre Meinung, wenn Sie davon wirklich überzeugt sind, auch wenn der Prüfende Ihre Antwort bezweifelt (denn es kann auch dessen Absicht sein, Ihnen einfach etwas «auf den Zahn» zu fühlen). Beharren Sie aber auch nicht einfach auf Ihrer Antwort, wenn Sie merken, dass Sie etwas falsch überlegt haben, und geben Sie einen Denkfehler zu.
- Verschaffen Sie sich einen guten **Abgang,** indem Sie sich mit Blickkontakt und, sofern man Ihnen die Hand entgegenhält, auch mit Händedruck verabschieden.

4 Eine Prüfung nachbearbeiten

Unmittelbar danach Was Sie unmittelbar nach einer Prüfung tun sollten, hängt davon ab, ob es sich um einen Teil einer grossen Schlussprüfung oder um eine Prüfung während des normalen Schulbetriebs handelt.

- ■ Stecken Sie in einer grossen **Schlussprüfung** mit mehreren Einzelprüfungen, dann tun Sie Folgendes:
- – Denken Sie kurz über den Verlauf der vergangenen Teilprüfung nach: «Wie ist es mir ergangen?». Blicken Sie dann aber vorwärts und stoppen Sie negative Gedanken über eine vergangene Prüfung. Lassen Sie sich deshalb nicht in lange Gespräche darüber ein, denn Sie stören damit nur Ihre Konzentration auf die nächste Teilprüfung.
- – Überlegen Sie, was Sie an Ihrem Verhalten kurz vor und während der nächsten Prüfung noch verbessern wollen, z. B. die Zeit in der Prüfung besser einteilen, sich vor einer mündlichen Prüfung schon etwas im Sprechen üben.
- – Entspannen Sie sich und gönnen Sie sich, abhängig vom Prüfungsplan und Ihrer Verfassung, eine kürzere oder längere Erholungspause. Konzentrieren Sie sich auf die kommende Prüfung. Dabei sollten Sie vorerst keinen neuen Stoff für das nächstfolgende Prüfungsfach erarbeiten, sondern den Stoff nur nochmals grob wiederholen.
- ■ Haben Sie eben eine **Prüfung während des normalen Schulbetriebs** hinter sich gebracht, dann denken Sie ebenfalls nur kurz über den Verlauf dieser Prüfung nach, und vermeiden Sie es, mit Mitschülern die Lösungen zu vergleichen (die Sie ja oft gar nicht mehr so genau im Kopf haben) oder Eltern und Lehrmeistern im Detail Bericht zu erstatten. Warten Sie stattdessen, bis Sie die Prüfung korrigiert und benotet zurückerhalten. Sollte die Lehrperson allerdings die Prüfungsaufgaben gleich nach der Prüfung besprechen, ohne dass Sie Ihre Lösung vor sich haben, dann notieren Sie die Lösungen möglichst gründlich.

Wenn Sie das Prüfungsergebnis kennen Was Sie tun sollten, wenn Sie das Prüfungsergebnis kennen, hängt wiederum stark von der Art der Prüfung sowie dem Prüfungsergebnis ab. Wenden Sie deshalb die folgenden Empfehlungen situationsgerecht an:

- ■ **Analysieren** Sie Ihre Prüfungsarbeit (besonders bei Prüfungen während des Schuljahres oder wenn Sie eine grössere Teilprüfung wiederholen müssen), indem Sie die angebrachten Korrekturen beachten und – sofern bekannt gegeben oder besprochen – die Musterlösung beiziehen. Fragen Sie sich besonders, ob sich typische Fehler feststellen lassen, ob Sie etwas falsch überlegt oder übersehen haben, ob Ihr Verhalten während der Prüfung falsch war (falsche Zeiteinteilung, Aufgaben nicht genau gelesen usw.), ob Sie sich falsch eingeschätzt oder falsch vorbereitet haben.

7 Prüfungen bewältigen

- Was habe ich falsch gemacht bzw. überhaupt nicht bearbeitet? Lassen sich typische Fehler feststellen?
  - Was habe ich nicht gewusst?
  - Was habe ich missverstanden?
  - Was habe ich falsch überlegt?
  - Was habe ich übersehen?

- Warum habe ich diese Fehler gemacht?
  - Habe ich mich während der Prüfung falsch verhalten (falsche Zeiteinteilung, Aufgaben nicht genau gelesen usw.)?
  - Habe ich die Prüfungssituation und mein Können falsch eingeschätzt?
  - Habe ich mich falsch vorbereitet? (Zu wenig gründlich gelernt, zu kurz vor der Prüfung mit Lernen begonnen, zu wenig wiederholt, zu wenig geübt, den Schwierigkeiten nicht auf den Grund gegangen?)
  - Habe ich mich schon während des Unterrichts falsch verhalten? (Hausaufgaben nicht selbständig gemacht, nicht begleitend repetiert, zu wenig Notizen gemacht, im Unterricht gefehlt und Lücken nicht aufgearbeitet?)

- Überlegen Sie sich, **was Sie unternehmen können,** um diese Fehler im Hinblick auf eine nächste Prüfung zu vermeiden. Einerseits kann das Ihre Lernstrategien, besonders auch Ihr Verhalten vor und während der Prüfung, betreffen, anderseits kann es nötig sein, inhaltlich die entdeckten Lücken oder Schwächen anzupacken (z.B. die nicht gewussten Wörter jetzt zu lernen, etwas nochmals zu üben, etwas nochmals nachzulesen). Oft wird Ihnen allerdings die Motivation fehlen, solche Lücken gleich nach einer Prüfung zu füllen. Oft denkt man, das werde man so oder so nie begreifen oder man werde das nie mehr gebrauchen, da jetzt ja ein anderes Thema behandelt werde.
Realistischer ist deshalb Folgendes: Ändern Sie Ihr Lern- und Prüfungsverhalten wenn nötig und gehen Sie die Lücken im Rahmen der nächsten Prüfungsvorbereitung an, wenn die nächste Prüfung in einem Zusammenhang mit der vergangenen Prüfung steht. Wird mit einer Abschlussprüfung aber wirklich ein «Schlussstrich» gezogen, dann ist es wohl sinnvoll, auch zu akzeptieren, dass man da und dort Lücken hat. Vielleicht lassen sie sich später unter anderen Lernbedingungen (z.B. während eines Fremdsprachenaufenthaltes, am Arbeitsplatz) schliessen.
- Viele dieser Überlegungen zur Nachbearbeitung einer Prüfung beinhaltet das Formular **«Prüfungsanalyse»** (Beispiel S. 135 und 136, Kopiervorlage im Anhang). Führen Sie von Zeit zu Zeit eine solche Analyse durch, sowohl bei Prüfungen, die Ihnen gelungen sind, als auch bei Prüfungen, die Sie schlecht gelöst haben.

Prüfungsanalyse

✓ Prüfungsergebnis

Erzielte Note: **5.0**   Bin ich mit dem Ergebnis zufrieden? **ja**

– Was habe ich gut gemacht? **Ich habe die Aufgaben rasch gelöst und deshalb alle bearbeitet**

– Welche Lücken und Schwächen haben sich gezeigt? **Dort, wo ich sehr schnell rechnete, machte ich Flüchtigkeitsfehler**

Prüfungsvorbereitung

Zeitaufwand (Zeitbudget)   geplant: **8 h**   gebraucht: **11 h**

– Warum habe ich mehr Zeit benötigt als geplant? **Für Übungen mehr Zeit gebraucht, ich wollte am Schluss die Theorie nochmals repetieren**

– Warum habe ich weniger Zeit benötigt als geplant?

– Warum habe ich so viel Zeit gebraucht wie geplant?

Zeitplan

– Habe ich mich an den Zeitplan gehalten? **Ich habe einen Tag später mit Lernen begonnen, als geplant**

– Wenn nein, weshalb nicht? **Musste noch auf einen Französischtest vorbereiten**

Lernprozess (Lernstrategie)

– Was habe ich gut gemacht? Ich habe den Zeitplan angepasst, d.h. etwas erweitert. Theoriezusammenfassung und Formelaufstellung geschrieben. Ich habe noch zusätzliche Übungsbeispiele gesucht.

– Was habe ich nicht gut gemacht? Weshalb? Die Beispiele aus dem Unterricht habe ich nicht zuerst selbst zu lösen versucht, da ich noch zu unsicher war. Manchmal lernte ich zu lange aneinander, so dass ich die Übersicht etwas verlor (mindestens vorübergehend)

– Was will ich künftig wieder so machen? Mit Zeitplan arbeiten, viele Übungen lösen

– Was will ich künftig anders machen? Mathematik schon am Nachmittag lernen, da ich am Abend dazu zu müde bin.

Während der Prüfung

– Habe ich mich situationsgerecht verhalten? ja

– Was habe ich gut gemacht? Bei Aufgaben, die ich nicht sofort lösen konnte, habe ich mich nicht lange aufgehalten. Geräusche aus Nebenzimmer haben mich nicht gestört.

– Was habe ich schlecht gemacht? Ich habe mit der 1. Aufgabe begonnen und die Reihenfolge beibehalten. So habe ich die letzten zwei Aufgaben, die viele Punkte gegeben hätten, nur noch kurz und unvollständig gelöst.

– Was will ich künftig anders machen? Ich werde die Prüfung zuerst durchlesen und dann entscheiden, was nacheinander zu lösen ist.

7 Prüfungen bewältigen

Arbeitsvorschläge

7.1 Erstellen Sie für die nächste Prüfung einen Vorbereitungsplan und vergleichen Sie diesen mit jenem eines Mitschülers.

7.2 Entwerfen Sie Prüfungsfragen. Ein Mitschüler soll dasselbe tun. Tauschen Sie die Prüfungsfragen aus und fragen Sie sich gegenseitig ab.

7.3 Entwerfen Sie zu umfangreicheren Fragen eine kurze Lösungsdisposition und formulieren Sie danach die Lösung. Kontrollieren Sie, wieweit Sie sich an die Disposition gehalten haben.

7.4 Simulieren Sie mit einer Mitschülerin zusammen eine mündliche Prüfung.

7.5 Üben Sie sich im Lösen einer Mathematikaufgabe an der «schwarzen Tafel».

7.6 Analysieren Sie Ergebnis und Verlauf einer Prüfung mit Hilfe des Prüfungsanalysebogens.

7.7 Nehmen Sie alte Prüfungsaufgaben hervor und kontrollieren Sie, welche Hinweise in den Aufgabenstellungen Ihnen die Lösung erleichtert hätten, wenn Sie diese beachtet hätten. Überprüfen Sie besonders auch, ob die genannten Hilfen zum Lösen von Auswahlaufgaben zutreffen.

7.8 Notieren Sie während einer Prüfungsbesprechung die wesentlichen Hinweise der Lehrperson (Musterlösung) zu einer Aufgabe, die Sie mangelhaft gelöst haben. Vergleichen Sie Ihre Notizen mit jenen eines Mitschülers.

7.9 – Beantworten Sie in Bezug auf eine Prüfung, die Sie vom Lehrer/der Lehrerin noch nicht zurückbekommen haben, die folgenden Fragen schriftlich:
 – Welche Aufgaben bzw. Fragen konnte ich gut lösen? Weshalb?
 – Welche Aufgaben bzw. Fragen bereiteten mir Mühe? Weshalb?
 – Wie schätze ich meine Prüfungsleistung ein? Sehr gut, gut, genügend, ungenügend?
– Vergleichen Sie nach der Rückgabe der Prüfung Ihre Einschätzung mit der Bewertung des Lehrers/der Lehrerin. Wo gibt es Unterschiede, wo Gemeinsamkeiten? Welche Aufgabe habe ich gut gelöst? Welche Lücken und Schwächen haben sich gezeigt?
– Was will ich bei der nächsten Prüfungsvorbereitung anders, was gleich machen? Was will ich an meinem Prüfungsverhalten während der Prüfung ändern bzw. beibehalten?

Selbstkontrolle → Leitfragen S. 11

8 Sich selbst kontrollieren

Worum geht es?

Sie sind als Schülerinnen und Schüler Kontrollen gewohnt, denn der Schulalltag besteht aus einer Vielzahl von Kontrollen, sei es in Form von Lehrerfragen, Hausaufgaben oder Kontrollfragen in Lehrbüchern, sei es in Form kleinerer oder grösserer Prüfungen. Typisch für diese Kontrollen ist, dass sie sozusagen von aussen kommen. Da dies aber nicht genügt, wenn Sie selbständig lernen wollen, müssen Sie sich selbst während des Lernens immer wieder kontrollieren, indem Sie sich zwei Hauptfragen stellen: Erreiche ich das Ziel? Erreiche ich es auf einem optimalen Weg? Dies verlangt von Ihnen, dass Sie sowohl Ihr Lernen bewusst verfolgen, als auch ehrlich zu sich selbst sind. Wenn Sie einzelne oder alle der vorangehenden Kapitel studiert haben, werden Sie auch erkannt haben, dass Selbstkontrolle zu jeder Lernstrategie gehört.

Im Folgenden geht es um zwei Arten von Kontrolle: die Kontrolle des Wissenserwerbs und die laufende Lenkung des ganzen Lernprozesses.

Lernstrategien

8 Sich selbst kontrollieren

1 Das eigene Verstehen und Können kontrollieren

Während Sie Wissen erwerben, also etwas Neues erlernen, fragen Sie sich fortlaufend selbstkritisch: Erkenne ich wirklich das Wesentliche? **Verstehe ich** das, was ich verstehen sollte, wirklich? Beherrsche ich es wirklich? Habe ich den Überblick? Kann ich etwas schnell genug, selbständig und ohne viele Fehler anwenden?

Signale Achten Sie auf Signale, die Ihnen anzeigen, ob Sie etwas können (positive Signale) oder Schwierigkeiten haben (negative Signale), beispielsweise:

Positive Signale	**Negative Signale**
■ Sie erkennen, was wichtig ist.	■ Es erscheint Ihnen alles gleich wichtig, oder nichts scheint Ihnen wichtig.
■ Sie erkennen, wohin der Autor den Leser führen will.	■ Sie erkennen nie recht, worauf der Autor hinaus will und können auch nicht voraussagen, was jetzt folgen wird.
■ Sie verstehen, wozu Sie eine Hausaufgabe überhaupt machen sollen.	■ Sie verstehen nicht, warum eine bestimmte Hausaufgabe erteilt wurde, und können nicht erklären, warum sie wichtig ist.
■ Sie können das Wesentliche in eigenen Worten ausdrücken.	■ Sie können etwas nur in der Sprache der Lehrperson/des Lehrbuchautors wiedergeben.
■ Sie lesen in einem regelmässigen, Ihnen angenehmen Tempo.	■ Sie müssen Ihr Lesetempo oft verlangsamen oder etwas mehrmals lesen.
■ Ihre Beiträge im Unterricht sind richtig oder werden im Unterrichtsgespräch weiterverarbeitet.	■ Ihre Beiträge im Unterricht sind falsch oder werden im Unterrichtsgespräch nicht weiterverarbeitet.

«Was verstehe ich nicht?» Prüfen Sie ganz gezielt Ihr Verstehen und Können, denn oft ist man geneigt, sich zu sagen: «Das verstehe ich schon», oder man erkennt nicht ohne weiteres, dass man etwas gar nicht begriffen hat. Wenden Sie deshalb folgende Techniken an:
- ■ Arbeiten Sie im Unterricht aktiv mit, denn dadurch erfahren Sie oft, ob Sie etwas verstanden oder nicht verstanden haben bzw. beherrschen oder nicht beherrschen.
- ■ Bestimmen Sie **Kontrollpunkte,** an denen Sie Ihr Können prüfen wollen (z. B. nach jedem Abschnitt und nach jedem Kapitel im Lehrbuch

8 Sich selbst kontrollieren

oder in Ihren Notizen). Halten Sie dort an und fahren Sie nicht weiter, bevor Sie sich kontrolliert haben und die Schwierigkeiten weitestmöglich behoben sind.

- **Erzählen** Sie das Gelesene oder Gehörte in eigenen Worten oder machen Sie etwas praktisch vor. Beim Formulieren merken Sie oft sehr gut, wo Sie eine Unsicherheit haben. Legen Sie dabei Wert darauf, dass Sie etwas präzis ausdrücken und die Fachsprache verwenden. Sie können sich etwas selbst halblaut erzählen. Noch besser ist es aber oft, es jemandem zu erzählen, denn dann erhalten Sie darauf auch eine Rückmeldung, z. B. in Form einer Frage. Gute Gesprächspartner sind Personen, die etwa dasselbe oder sogar mehr Wissen im betreffenden Gebiet haben. Aber auch so genannte Laien in einem Fachgebiet können oft ganz gut beurteilen, wie verständlich Sie etwas erklären können.
- **Fassen Sie** etwas auf das Wesentliche **zusammen** (Thema, Hauptgedanken, unterstützende Einzelheiten).
- Arbeiten Sie mit **Fragen und Aufgaben:**
  - Beantworten Sie Fragen, die Sie sich im Voraus selbst gestellt haben, und formulieren Sie selbst Kontrollfragen, nachdem Sie etwas studiert haben. Dabei sollten Sie nicht nur das eben Gelesene und Gehörte abfragen, sondern sich auch weiterführende Überlegungsfragen (sog. Denkfragen) stellen. Beantworten Sie auch Fragen, die Sie in den Lehrbüchern finden.
  - Lassen Sie sich von anderen Personen Fragen stellen.
  - Lösen Sie Aufgaben nicht nur in Gruppen, sondern auch wirklich selbständig.
  - Wiederholen Sie nicht nur die Theorie, sondern lösen Sie auch die praktischen Beispiele aus Unterricht und Hausaufgaben nochmals. Dabei sollten Sie aber schon aus Zeitgründen überlegen, welche Aufgaben Sie nur in Gedanken nochmals durchgehen und welche Sie nochmals mündlich, schriftlich oder praktisch lösen sollten.
  - Halten Sie die wichtigsten Fragen und Antworten schriftlich fest (z. B. in Ihren Unterrichtsnotizen, im Lehrbuch oder auf Karteikarten).

«Weshalb verstehe ich es nicht?» Wenn Sie nun entdecken, dass Sie etwas nicht verstehen oder können, dann fragen Sie sich, wo die Ursachen dafür liegen könnten.

Ursachen für Verständnisschwierigkeiten

Lerninhalt	mein Lernprozess
■ Ist mir das unbekannt?	■ War ich unkonzentriert oder nicht interessiert?
■ Habe ich das vergessen?	■ Habe ich zu wenig notiert oder markiert, etwas überlesen oder überhört?
■ Habe ich das schon früher nicht begriffen?	■ Habe ich mich zu wenig bemüht, das Wesentliche zu erkennen?

8 Sich selbst kontrollieren

- Widerspricht das dem, was ich bisher darüber dachte?
- Widerspricht sich hier der Lehrer oder ein Autor im Vergleich zu dem, was er weiter vorne oder früher gesagt hat?
- Könnte es auch ein Druckfehler oder ein Missverständnis sein?
- Habe ich die Informationen zu wenig verarbeitet (angereichert, geordnet, zusammengefasst)?

«Was unternehme ich dagegen?»

Schliesslich sollten Sie überlegen, **was** Sie gegen die Schwierigkeiten **unternehmen**. Wägen Sie ab, ob Sie die Schwierigkeit beheben sollten oder nicht: Wie wichtig ist es, dass Sie etwas auch wirklich verstehen oder fehlerlos können? Der Entscheid hängt von Ihren eigenen Zielen und der Lernsituation ab (z. B. verfügbare Zeit, Prüfungsanforderungen). Reagieren Sie auf Ihre Feststellungen:

- Lösen Sie die Schwierigkeiten durch eigene Überlegungen, beispielsweise: Was ist aus dem Aufbau eines Kapitels zu schliessen? Was folgt aus einer Definition? Was folgt aus Beispielen? Stellen Sie eine Vermutung an und prüfen Sie im weiteren Verlauf des Lernens, ob sie zutrifft. Probieren Sie etwas aus (z. B. Lösungsweg bei einer Mathematikaufgabe). Ordnen Sie die Informationen besser. Schauen Sie Wörter genau an (besonders Fremdwörter) und fragen Sie sich, mit welchen anderen Wörtern (z. B. in einer andern Sprache) diese verwandt sind; oder betrachten Sie besonders die einzelnen Teile eines Wortes (z. B. ante, ex, prae, pro, in).
- Lesen oder tun Sie etwas nochmals, aber langsamer. Manchmal hilft es auch, wenn Sie laut mitsprechen.
- Blättern Sie in Ihren Unterlagen nochmals weiter zurück, blättern Sie aber auch einmal vorwärts und überfliegen Sie das Kommende.
- Ziehen Sie eine zusätzliche Quelle bei, also z. B. das Wörterbuch, das Lexikon, einen anderen Text, eine Mitschülerin, einen Mitarbeiter, die Eltern oder auch und nicht zuletzt Ihre Lehrpersonen.
- Fragen Sie sich auch, wie Sie gewisse Schwierigkeiten künftig vermeiden oder schon früher (also z. B. nicht erst am Vorabend einer wichtigen Prüfung) erkennen können, beispielsweise:
- – sich selbst besser motivieren,
- – sich besser konzentrieren, sich nicht durch Selbstzweifel dauernd stören lassen,
- – die Zeit besser einteilen und besonders auf Prüfungen hin genügend Reserven für Unvorhergesehenes einplanen,
- – beim Wissenserwerb intensiver mitdenken, ordnen sowie gründlicher und begleitend wiederholen und üben.

8 Sich selbst kontrollieren

2 Den ganzen Lernprozess lenken

Sich selbst kontrollieren heisst nicht nur zu kontrollieren, ob man etwas versteht oder beherrscht, sondern den ganzen Lernprozess von Anfang bis Ende zu lenken.

Lernstrategien situationsgerecht auswählen

Überlegen Sie sich, wie Sie sich in einer bestimmten Lernsituation verhalten wollen. Diese Überlegung läuft im einen Fall blitzartig ab oder wird Ihnen nicht einmal ganz bewusst, manchmal brauchen Sie dafür aber etwas mehr Zeit. Genau genommen, zerfällt dieser Prozess in **drei Schritte:** Zunächst analysieren Sie die Lernsituation und denken über sich in dieser Lernsituation nach, dann überlegen Sie sich, welche Strategien Sie überhaupt einsetzen könnten, und schliesslich wählen Sie ein bestimmtes Vorgehen aus (also z. B. Wochenplan erstellen, eine Kurzzusammenfassung schreiben, Fragen an einen Text stellen, in einer Prüfung die Auswahlaufgaben zuerst lösen).

Von der konkreten **Lernsituation** und **Ihnen selbst** hängt es also im Wesentlichen ab, wie Sie sich beim Lernen am besten verhalten. Die folgende Tabelle hilft Ihnen, die geeigneten Lernstrategien auszuwählen. Selbstverständlich sind je nach Situation (z. B. im Unterricht, bei Hausaufgaben, während der Prüfungsvorbereitung oder während einer Prüfung) unterschiedliche Fragen wichtig und auch nicht immer alle Fragen beantwortbar.

1. Lernsituation: Lernaufgabe und Lernbedingungen

Lernaufgabe

■ Lernziel	Wie lautet das Lernziel? Was soll ich lernen? Was wird verlangt? Wie habe ich mir die Aufgabe selbst definiert? Welche Annahmen treffe ich, wenn keine genauen Vorgaben bestehen?
	– Muss ich nur die Hauptgedanken oder auch viele unterstützende Einzelheiten oder sogar Nebensächliches wissen?
	– Was muss ich auswendig können? Was darf ich auch nachschlagen?
	– Wie gründlich muss ich das Wissen verarbeiten (wiedergeben, erklären und begründen, in ähnlichen Situationen anwenden, selbständig vergleichen und beurteilen usw.)?
	– Welche Schwerpunkte soll die Arbeit behandeln?
	– Wie lautet der Projektauftrag, das Thema?

8 Sich selbst kontrollieren

■ Umfang — Wie umfangreich ist die Lernaufgabe (z. B. Lehrbuchtext, Unterrichtsnotizen, geforderter Umfang des Aufsatzes)?

■ Schwierigkeiten — Welche Schwierigkeiten können auftauchen (z. B. genügend Informationen für einen Aufsatz finden; einen guten Lernpartner finden; die Lehrperson notiert kaum etwas an der Tafel; ich habe die Hausaufgaben nicht selbst gelöst; ich habe offene Fragen immer hinausgeschoben)?

■ Zeit — Wie viel Zeit brauche ich für die Lernaufgabe?

■ Prüfung — In welcher Form (z. B. schriftlich oder mündlich; Bearbeitungs- oder Auswahlaufgaben), wann und in welchem zeitlichen Rahmen wird etwas geprüft? Ist überhaupt mit einer Prüfung zu rechnen?

■ Lernstrategien — Welche Vorgehensweisen werden allgemein empfohlen, um die betreffende Lernaufgabe zu lösen?

Lernbedingungen — Welche äusseren Bedingungen und Einschränkungen muss ich berücksichtigen?
- Welches Material steht mir zur Verfügung?
- Wie gut wird etwas von der Lehrperson oder im Lehrmittel erklärt?
- Welche anderen Lernaufgaben habe ich gleichzeitig auch noch? Wie viel Zeit kann/will ich aufwenden?
- Auf welche Unterstützungen kann ich zählen (Freunde, Eltern, Lehrmeister, Lehrperson)?

2. Ich als Lernende/Lernender

■ Vorwissen — Habe ich das notwendige Vorwissen, um das Neue zu verstehen? Wo habe ich Lücken (z. B. nicht gelernt, vergessen, nicht verstanden, verpasst)? Was weiss ich schon vom Neuen?

■ Ziel — Welche Ziele im Zusammenhang mit der Lernaufgabe verfolge ich? Welche Leistung will ich erbringen?

■ Eigene Leistung — Weshalb macht mir diese Lernaufgabe Mühe? Fällt mir das Lernen in diesem Fach leicht?

8 Sich selbst kontrollieren

- **Innerer Zustand** — Wie gut bin ich für die Lernaufgabe motiviert? Was interessiert mich? Was missfällt mir eher? Bin ich konzentriert genug? Plagen mich Selbstzweifel und schlechte Gefühle? Fühle ich mich für die Lernaufgabe kompetent?

- **Lerngewohnheiten** — Höre ich lieber zu, spreche oder schreibe ich lieber oder lerne ich etwas am besten, wenn ich es selbst in irgendeiner Form auch praktisch tun kann? Neige ich dazu, alles immer wieder bis zum letzten Moment hinauszuschieben? Zu welchen Tages- und Nachtzeiten kann ich mich am besten auf das Lernen konzentrieren? Arbeite ich gerne in einem Team oder bevorzuge ich Einzelarbeit?

- **Lernstrategien** — Welche Lernstrategien habe ich in meinem Repertoire? Wie gut beherrsche ich diese Strategien? Womit habe ich schon gute Erfahrungen gemacht? Was habe ich schon ausprobiert? Wofür habe ich noch keine geeignete Strategie gefunden? Was wollte ich bisher noch nicht einsetzen? Weiss ich also, welche Lernstrategien es überhaupt gibt, welche ich wann, warum und wie einsetzen sollte? Welche Lernstrategien sollte ich mir noch aneignen oder weiterentwickeln?

3. Lernstrategien konkret auswählen

Welche Lernstrategien wähle ich nun konkret aus, indem ich die Lernsituation und mich als Lernenden berücksichtige?

Lernstrategien situationsgerecht einsetzen und kontrollieren

Nachdem Sie für die Lernsituation passende Lernstrategien ausgewählt haben, müssen Sie diese auch wirklich anwenden. Dazu sollten Sie die Empfehlungen, wie sie zu den einzelnen Lernstrategien dargestellt werden, beachten. Kontrollieren Sie also, ob Sie jene Empfehlungen einhalten.

Nun darf aber eine Lernstrategie nicht einfach schematisch und automatisch ablaufen, sondern Sie sollten laufend darauf achten, ob sie auch wirklich funktioniert. Dass eine gewählte Strategie nicht funktioniert, kann daran liegen, dass sie gar nicht zweckmässig ist oder dass Sie selbst oder die Lernsituationen sich in einem wesentlichen Punkt geändert haben. Überlegen Sie sich also immer wieder Folgendes: Erreiche ich mit der gewählten Strategie das **Ziel,** bewältige ich also die gestellte Lernaufgabe unter den gegebenen Lernbedingungen? Stimmen dabei auch **Aufwand und Nut-**

8 Sich selbst kontrollieren

zen, d.h. übertreibe ich nicht, arbeite aber auch nicht zu oberflächlich, bin ich flexibel und genügend schnell? Fragen Sie sich also beispielsweise:

- Markiere ich beim Lesen und in meinen Notizen wirklich das Wesentliche, also weder nur zufällig einzelne Wörter noch ganze Seiten?
- Verbrauche ich bei einfachen, überschaubaren Hausaufgaben nicht zu viel Zeit mit dem Planen und plane ich umfangreiche Arbeiten zunächst gründlich?
- Muss ich die Informationen wirklich selbst ordnen oder finde ich schon im Lehrbuch oder an der Wandtafel klare Strukturen?
- Überarbeite ich meine Notizen, um sie wirklich zu vertiefen, oder schreibe ich einfach alles nochmals ab, damit es schöner aussieht?
- Wiederhole ich wirklich mehrmals das, womit ich immer wieder Schwierigkeiten habe, oder frage ich mich besonders jene Sachen immer wieder ab, die ich schon weiss, nur damit ich ein Erfolgserlebnis habe oder den eigentlichen Schwierigkeiten ausweichen kann?
- Schaffe ich mir selbst möglichst gute Lernbedingungen, unterstütze ich also meinen Wissenserwerb und das Bewältigen von Prüfungen oder habe ich Störfaktoren nicht unter Kontrolle? Bin ich noch entspannt oder beginne ich mich zu verkrampfen? Halte ich mich wirklich an den Zeitplan oder ist der Zeitplan unrealistisch?
- Warum funktioniert gegebenenfalls etwas nicht wie geplant: Mache ich etwas zu gründlich oder zu oberflächlich (z.B. einen Text lesen, Notizen im Unterricht machen, Prüfungsaufgaben lesen)? Ändert sich die Lernsituation oder etwas bei mir als Lerner (Ziel, Vorwissen usw.)?

Lernstrategien anpassen

Passen Sie Ihre Lernstrategien soweit nötig und möglich an. Wenn Sie feststellen, dass Sie mit den gewählten Strategien nicht oder nur mit Mühe ans Ziel kommen, oder wenn sich die Lernsituation wesentlich verändert, dann sollten Sie Ihre Strategien ebenfalls ändern bzw. andere Strategien suchen. Beispielsweise kann das heissen:

- Sie haben begonnen, das Wesentliche in einem Text zu markieren. Nun ertappen Sie sich dabei, dass Sie den Text mehr und mehr planlos «bemalen». Also stoppen Sie, wechseln Sie die Farben und gehen Sie das bisher Gelesene nochmals mit den neuen Markierfarben durch.
- Der Lehrer gibt in der ersten Hälfte der Unterrichtsstunde selbst viele Beispiele, so dass Sie aufmerksam zuhören und nicht an andere Beispiele denken. Allmählich gerät er aber in Zeitnot, weshalb seine Ausführungen immer abstrakter werden. Also beginnen Sie, sich selbst Beispiele auszudenken, oder vermerken Sie in den Notizen, dass Sie beim Nachbearbeiten noch Beispiele suchen sollten.
- Zunächst scheint Ihnen ein Kapitel im Lehrbuch ganz logisch aufgebaut zu sein; deshalb verzichten Sie, die Sache selbst noch weiter zu strukturieren. Plötzlich verlieren Sie aber den Überblick. Deshalb versuchen Sie, die Ordnung wieder herzustellen, indem Sie den Aufbau des Kapitels in einem Mindmap darstellen.

8 Sich selbst kontrollieren

- Wenn Sie in einer Prüfung merken, dass die Disposition zur Lösung einer Aufgabe (z. B. Aufsatz) eine Lücke aufweist oder dass Sie die Antwort besser anders aufbauen, dann halten Sie sich nicht stur an den Plan, sondern verändern Sie den Aufbau, sofern die Zeit dazu noch reicht.
- Sie schreiben im Unterricht das mit, was eine bestimmte Lehrerin an der Tafel oder auf dem Hellraumprojektor festhält, weil sie sehr gute und ausführliche Notizen macht. Im Laufe des Unterrichts merken Sie, dass sie immer weniger notiert, je mehr die Klassendiskussion in Gang kommt. Entscheiden Sie für den Rest der Lektion selbständig, was Sie notieren wollen oder müssen.
- Bisher hat ein Lehrer in den Prüfungen vorwiegend genau das abgefragt, was er im Unterricht behandelt hat. Deshalb legen Sie auch bei der Prüfungsvorbereitung jeweils besonders Wert darauf, das Wissen exakt wiedergeben zu können. Im Verlaufe des Schuljahrs merken Sie aber, dass der Lehrer sowohl im Unterricht als auch in Prüfungen immer mehr Denkfragen stellt. Also stellen Sie sich künftig beim Vorbereiten auf die Prüfungen auch mehr Denkfragen.
- Die Lehrerin beginnt mit einem neuen Thema, für das Sie sich sofort sehr interessieren. Als aber im Unterricht da und dort sehr in die Tiefe gegangen wird, stellen Sie fest, dass Sie das Interesse verlieren. Also versuchen Sie, die Motivation neu aufzubauen, beispielsweise indem Sie sich häufiger überlegen, wie Sie das in der Praxis auch gebrauchen können, oder indem Sie jemandem erzählen, wie gut Sie sich jetzt in diesem Thema auskennen.

Es kann Ihnen auch passieren, dass Sie zwar Schwierigkeiten entdecken, aber keine Zeit mehr haben, Ihre Strategie kurzfristig zu ändern (z. B. kurz vor einer Prüfung oder kurz vor Abgabe einer Prüfung). Dann überlegen Sie sich aber mindestens, was Sie künftig an Ihrem Lernverhalten ändern sollten.

Lernstrategieneinsatz beurteilen

Beurteilen Sie von Zeit zu Zeit den Einsatz Ihrer Lernstrategien. Besonders dann, wenn Sie eine grössere Lernetappe abgeschlossen haben (z. B. wenn Sie eine Prüfung absolviert und die Lösungen korrigiert zurückerhalten haben; wenn Sie einen Aufsatz fertig gestellt, ein Buch zusammengefasst haben), fragen Sie sich:
- Welche Lernstrategien haben positiv gewirkt, und warum?
- Welche Lernstrategien haben schlecht funktioniert, und warum? Liegt es an der Strategie selbst oder nur an der Ausführung?
- Welche Lernstrategien werde ich künftig in ähnlichen Situationen wieder einsetzen?
- Was werde ich künftig besser machen?

Dabei werden Sie allerdings auch etwa vor dem Problem stehen, dass Sie eigentlich schon wissen, was Sie besser machen könnten, Sie es aber trotzdem nicht machen, weil Sie ganz einfach **eine Gewohnheit aufgeben** müssten. Dann versuchen Sie Folgendes:

8 Sich selbst kontrollieren

- Sagen Sie sich die Wahrheit (z. B. dass Sie ganz einfach zu bequem sind, einen Zeitplan auch einzuhalten).
- Ändern Sie nur **ein** Verhalten aufs Mal. Versuchen Sie also beispielsweise nicht, alle Empfehlungen zur Lernstrategie «Prüfungen vorbereiten» gleichzeitig zu befolgen.
- Versprechen Sie sich, dass Sie eine bestimmte Strategie einsetzen wollen (z. B. sich beim Lesen zuerst einen Überblick über den Text zu verschaffen) und planen Sie Ihr Vorgehen.
- Stellen Sie sich vor, auf welche Art und Weise Ihnen die gewählte Strategie nützen wird (z. B. nicht mehr überrascht werden von Denkfragen in Prüfungen, wenn Sie entsprechende Fragen schon bei der Prüfungsvorbereitung erlebt haben).
- Üben Sie den Einsatz einer Lernstrategie, geben Sie also den Vorsatz nicht gleich wieder auf, wenn sich nicht sofort ein sichtbarer Nutzen einstellt.

Lernstrategienprotokoll Führen Sie ein Lernstrategienprotokoll (Kopiervorlage im Anhang). Dies hilft Ihnen besonders dann, wenn Sie sich unsicher fühlen, ob Sie für eine anspruchsvollere Lernaufgabe auch wirklich die angemessenen Lernstrategien einsetzen.

Arbeitsvorschläge

8.1 Nehmen Sie einen Ihnen noch unbekannten Zeitungs- oder Lehrbuchtext zu einem Thema, mit dem Sie sich im Moment beschäftigen. Studieren Sie den Text und markieren Sie alles, was Sie im Moment nicht verstehen. Entscheiden Sie, wie Sie vorgehen, um Verständnisschwierigkeiten auszuräumen.

8.2 Suchen Sie in einem Lehrbuch eine grafische Darstellung, von der Sie meinen, Sie hätten sie verstanden. Erklären Sie einer anderen Person das Wesentliche und prüfen Sie damit, ob Sie Verständnisschwierigkeiten haben.

8.3 Suchen Sie in Texten Fremdwörter. Versuchen Sie in Ihrer Sprache auszudrücken, was sie bedeuten, und prüfen Sie danach Ihre Lösung mit dem Fremdwörterbuch.

8.4 Führen Sie für eine grössere Lernaufgabe ein Lernstrategienprotokoll (vgl. Beispiel).

Selbstkontrolle → Leitfragen S. 11

Lernstrategienprotokoll
Den ganzen Lernprozess lenken

1 Lernstrategien situationsgerecht auswählen

1a Wie sieht die konkrete Lernsituation aus?

– Lernaufgabe (Lernziel, Umfang, Schwierigkeiten, Zeit, Prüfung)

Lernziel: ich muss Hauptgedanken und Einzelheiten wissen; muss auch den Sinn verstehen (Denkaufgaben!); keine Hilfsmittel an der Prüfung.
Umfang: 30 Seiten Handschrift, 20 Seiten im Buch.
Schwierigkeiten: Ungeklärte Fragen könnten aufkommen.
Zeit: 10 h; Prüfung: schriftlich; 5-6 Fragen. Ich muss viel "erzählen" können.

– Lernbedingungen

Ich habe im Unterricht gründlich Notizen gemacht.
Das Buch habe ich noch nicht durchgelesen.
Daneben habe ich noch eine Französisch- und eine Chemieklausur.

1b Was muss ich bei mir selbst als Lernerin/Lerner beachten? (Vorwissen, Ziel, eigene Leistung, innerer Zustand, Lerngewohnheiten, Lernstrategien)

<u>Vorwissen</u>: Geschichte des 19. Jh. habe ich etwas vergessen; zur Industrialisierung weiss ich einiges schon. <u>Ziel</u> ist eine 4.5. <u>eigene Leistung</u>: ich habe bisher bereits eine 4.5. Manchmal Schwierigkeiten mit Denkaufgaben. <u>Innerer Zustand</u>: ich mag Politik nicht so, ich kann mich nicht mehr als 1 h konzentrieren. <u>Lerngeschichte</u>: neige dazu, nur 3 Tage zu lernen; beste Konzentration von 17-20; ich muss während des Lernens "schreiben".

1c Welche Strategien kommen in Frage?

Zeitplan; Anreichern; "mind map"; Kurzübersicht über das, was vorher kam; Freundin + Eltern fragen; Merkzettel machen. Motivation

1d Welche Strategien wähle ich aus?

Zeitplan erstellen.
Anreichern: Notizen aus dem Buch, Fragen herausschreiben.
Kurzübersicht über Thema, das zuvor kam.
Konzentrationsübungen.
Motivation für Politik erarbeiten.

2 Lernstrategien situationsgerecht einsetzen und kontrollieren

Erreiche ich das Ziel?
Stimmt das Verhältnis Aufwand/Nutzen?
Stimmt die Lernatmosphäre?

2a Wie setze ich die ausgewählten Strategien um? (Wie und wann mache ich was?)

- Zeitplan erstellen für die 3 Prüfungen während diesen zwei Wochen
- Am Anfang des Lernprozesses: Kurzübersicht über das, was wir vorher behandelt haben (der Stoff, der nicht an der Prüfung kommt) → Zusammenhang
- Aus Buch Notizen herausschreiben parallel zum Anlernen des Themas (anreichern)
- Selber Fragen stellen: zu jedem Thema Denkfragen stellen und beantworten
- Konzentrationsübungen
- Motivation zu politischen Angelegenheiten: die politischen Aspekte in meiner besten "Lernzeit" lernen, weil sie mich am wenigsten interessieren.

2b Welche Lernstrategien funktionieren? Warum?

- Kurzübersicht über Zeit zuvor. Ich habe einen Plan mit Daten, Ereignissen und historischen Fragen aufgestellt.
- Motivation für die Politik geht gut, denn dieses Thema hat nicht so viele rein politische Aspekte, sondern mehr soziale → interessiert mich.
- Konzentration: Pausengestaltung (Zvieri, Abendessen, Verschnaufpausen)

2c Welche Lernstrategien funktionieren nicht? Warum nicht?

- Ich habe zu viele unwichtige Sachen aus dem Buch notiert. Deshalb bin ich noch nicht fertig damit. Nun habe ich nicht mehr viel Zeit dafür übrig.
- Nach dem Herausschreiben weiss ich schon nicht mehr, was ich herausgeschrieben habe, da ich zu wenig konzentriert war.
- Bei den Denkaufgaben kommt mir oft keine Antwort in den Sinn. Ich kann mir eben Folgen, Voraussetzungen und Gründe nicht so gut vorstellen.
- Beim Zeitplan geht es nicht auf, da noch eine Lateinklausur angesagt wurde.

3 Lernstrategien anpassen

Was ändere ich an den gewählten Lernstrategien noch während des Lernprozesses?
Welche anderen Lernstrategien wähle ich?

- Ich schreibe den Zeitplan neu. Ich gehe am Samstag nicht an die Party, denn ich habe keine Zeit.
- Ich notiere vom Rest des Buchtextes nur noch das Wichtigste und wiederhole es sofort und ordne es in die Unterrichtsnotizen ein.
- Ich frage die Eltern, ob sie mir bei den Denkaufgaben helfen können.

Andere Lernstrategien:
- Ich mache mir ein "mind map", denn ich habe herausgefunden, dass ich etwas ein Durcheinander im Kopf habe.
- Ich frage meine Freundin nach den Notizen des letzten Kapitels, da dort meine Notizen nicht so klar wird.
- Ich schreibe mir auf Merkzettel einige grundlegende Abläufe auf.

4 Gesamtevalution am Ende einer Lernetappe

4a Was hat funktioniert? Warum?
- Konzentration: gute Pausenorganisation bis zum Schluss.
- Der Zeitplan nützte schon. Ich musste ihn nur einmal etwas abändern.
- Konnte mich für die politischen Aspekte gut motivieren, denn ich sah sie im Zusammenhang mit den historischen und sozialen Punkten.

4b Was hat nicht funktioniert? Warum?
- Ich hätte vielleicht besser noch einen Tag früher mit lernen begonnen.
- Die Notizen aus dem Buch waren zu ausführlich. Ich hatte nachher zu wenig Zeit zum lernen.
- Erst mit dem "mind map" konnte ich das Durcheinander beheben.

4c Was mache ich nächstes Mal gleich?
- genauen Zeitplan
- gute Pausenorganisation
- ich beginne früh genug, eher noch etwas früher
- ich frage auch die Eltern einmal um Unterstützung

4d Was mache ich nächstes Mal anders?
- Ich mache schon früher im Lernprozess ein "mind map" für den Gesamtüberblick und Zusammenhang.
- Ich mache parallel zum Unterricht Notizen aus dem Buch ins Heft, damit ich nicht alles vor der Prüfung machen muss.

9 In Gruppen lernen und arbeiten

Worum geht es?

Das Arbeiten im Team wird in der Praxis, so hört man oft, immer wichtiger. Deshalb legen Lehrpersonen an Schulen auch zunehmend Wert darauf, dass Sie auch in der Schule lernen, wie in Gruppen gearbeitet werden soll. Arbeiten und Lernen in der Gruppe ist aber nicht nur wegen der Vorbereitung auf die Praxis wichtig, sondern kann das Lernen überhaupt unterstützen. Häufig haben Lernende sogar Prüfungsleistungen in Gruppen zu erbringen. In all diesen Fällen sollen Ihnen die folgenden Tipps helfen, in einer Gruppe das Bestmögliche zu leisten.

Lernstrategien

1 Vor der Gruppenarbeit

In einer Gruppe oder einzeln arbeiten? Oft wird Ihnen von der Lehrperson vorgegeben, dass Sie etwas in einer Gruppe erarbeiten müssen, in vielen Fällen werden Sie aber auch selbst entscheiden dürfen, ob Sie individuell oder in einer Gruppe lernen und arbeiten wollen. Im zweiten Fall sollten Sie sich zunächst überlegen, ob Sie überhaupt in einer Gruppe lernen wollen. Beachten Sie dazu Folgendes:
- Arbeiten in Gruppen erfordert meist mehr Zeit als individuelles Arbeiten, weil vieles zu koordinieren ist und Gespräche oft zeitaufwendig sind.
- In Gruppen lassen sich dann oft bessere Lösungen finden, wenn vor allem unterschiedliche Denkweisen, Kenntnisse und Erfahrungen eine Rolle spielen, um gemeinsam die beste Lösung zu finden.
- Ebenso hilft die Gruppenarbeit, eine grössere Aufgabe arbeitsteilig in einer kürzeren Zeitspanne zu erledigen. Und schliesslich können sich Lernende in einer Gruppe beim Lernen gegenseitig unterstützen.

9 In Gruppen lernen und arbeiten

- Die Einzelarbeit ist aber dann überlegen, wenn nur eine bestimmte Denkweise oder ein Lösungsweg zum Ziel führt oder aufgrund sehr unterschiedlichen Könnens nur ein Gruppenmitglied wirklich aktiv arbeitet, die andern sich hingegen nur «bedienen» lassen.

Gruppenbildung Bevor Sie in einer Gruppe zu lernen und arbeiten beginnen, ist zu überlegen, wie die Gruppe gebildet werden soll.

- **Freie Gruppenbildung:** Sofern Sie selbst bestimmen können, mit wem und eventuell auch mit wie vielen Sie zusammenarbeiten wollen, fragen Sie sich in Bezug auf die Lernsituation und Ihre persönlichen Erfahrungen und Gewohnheiten beispielsweise:
- Mit wem habe ich bereits erfolgreich zusammengearbeitet?
- Mit wem harmoniere ich auch in andern schulischen oder ausserschulischen Situationen gut (z. B. im Sport)?
- Von wem erwarte ich in Bezug auf die gestellte Lernaufgabe einen wertvollen Beitrag? Wer hat auf die Lernaufgabe bezogen ähnliche Interessen oder Kenntnisse? Welche Lernenden könnten meine Interessen oder Kenntnisse ergänzen? Von wem erhoffe ich, inhaltlich etwas «gewinnen» zu können?
- Mit wem lässt sich Lernen räumlich/zeitlich gut koordinieren?
- Möchte ich bewusst einmal mit jemandem zusammenarbeiten, mit dem ich noch nie zusammengearbeitet habe?
- **Vorgegebene Gruppenbildung:** Wird Ihnen vorgegeben, mit wem zusammen Sie eine Gruppe zu bilden haben, ist besonders wesentlich, dass Sie sich auf ein gemeinsames Ziel einigen. Sollten Sie Abneigungen verspüren, mit Gewissen zusammenzuarbeiten, dann sollten Sie diese Gefühle unter Kontrolle bringen und zu überwinden versuchen. Positive Gedanken, wie Sie im Kapitel «Sich motivieren» empfohlen werden, können hier helfen.

9 In Gruppen lernen und arbeiten

2 Während der Gruppenarbeit

Während der Gruppenarbeit sollten sie laufend zwei Dinge im Auge behalten, nämlich den Arbeitsprozess und die Zwischen- und Schlussergebnisse. Wie bei allen Lernstrategien sollten die Gedanken um die Lernsituation sowie Sie als Lernende – individuell und als Gruppe – kreisen.

Arbeitsprozess fortlaufend planen

Je nachdem, wie der Auftrag lautet, wie viel Zeit zur Verfügung steht und was alles vorgegeben ist, ist sinngemäss Folgendes zu überlegen, zu beobachten und zu entscheiden, um in der Gruppe zielgerichtet zu arbeiten:

- Vereinbaren Sie ein gemeinsames Ziel. Dabei sind besonders die Lernaufgabe, die Rahmenbedingungen (Zeit!), aber auch die Interessen der Lernenden wesentlich.
- Bestimmen Sie die wesentlichen Arbeitsschritte.
- Erstellen Sie ein Zeitbudget und einen Zeitplan (vgl. 2 «Mit der Zeit umgehen») und kontrollieren Sie laufend dessen Einhaltung.
- Verteilen Sie die Rollen in der Gruppe und bestimmen Sie, wer wofür verantwortlich ist und bis wann was zu erledigen hat.
- Bestimmen Sie phasenweise, was Sie individuell und was Sie in der Gruppe bearbeiten.
- Während Sie in der Gruppe diskutieren oder wenn in der Gruppe etwas präsentiert wird, sollten Sie das Wesentlichste schriftlich festhalten (z.B. auf Flipchart, Pinwand, Packpapier oder auch auf Schreibblock).
- Sind mehrere Zusammenkünfte der Gruppe nötig, so sollte am Ende einer Sitzung jeweils geregelt werden:
- Ist jemand über den Zwischenstand der Arbeiten zu informieren?
- Ist irgendeine Sofortmassnahme zu treffen, damit die Arbeit planmässig weitergeführt werden kann (z.B. Auftrag klären, erarbeitetes Projektthema genehmigen lassen, Termine erstrecken)?
- Wer muss welche Arbeiten bis zur nächsten Zusammenkunft erledigen?
- Wann und wo findet die nächste Zusammenkunft statt und was soll dann bearbeitet werden?

Verlauf und Ergebnis kontrollieren

So wie beim individuellen Lernen ist auch bei einer Gruppenarbeit laufend zweierlei zu kontrollieren.

- Kontrollieren Sie laufend, ob Sie mit den Zwischenergebnissen der Arbeit zufrieden sind.
- Kontrollieren Sie auch den Prozess, indem Sie sich fragen:
- Bewährt sich die Vorgehensweise und erreichen wir die gesetzten Ziele? Halten wir den Zeitplan ein? Sind inhaltliche Schwierigkeiten aufgetreten?
- Wo treten Meinungsverschiedenheiten auf? Wie gehen wir damit um?
- Dominiert jemand die Gruppe? Wie ist mein Beitrag zum Gruppenergebnis im Vergleich zu den andern Gruppenmitgliedern?
- Was müssen wir für das weitere Vorgehen ändern, wie beheben wir Schwierigkeiten (z.B. Unterstützung suchen, sich über ein Gruppenproblem aussprechen)?

9 In Gruppen lernen und arbeiten

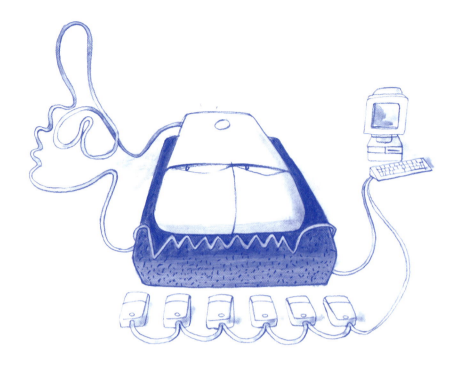

3 Nach der Gruppenarbeit

Im Hinblick auf eine nächste Gruppenarbeit sind ähnliche Überlegungen auch nach Abschluss der Gruppenarbeit sinnvoll. Allgemein geht es um die Frage «Was wollen wir als Gruppe oder individuell ein nächstes Mal wieder gleich, was können wir besser machen?». Im Einzelnen sind sinngemäss die eben genannten Kontrollfragen wesentlich.

4 Erster Spezialfall: arbeitsteilige Gruppenarbeit

Sie werden im Unterricht öfter folgende Situation erleben: Sie müssen in einer Gruppe Wissen erarbeiten (z.B. einen Lehrbuchtext studieren). Anschliessend hat jedes Gruppenmitglied das Wesentliche davon einer andern Gruppe zu vermitteln (sog. Puzzle) oder Ihre Gruppe hat den Stoff der ganzen Schulklasse darzustellen. Beachten Sie für die Arbeit in der Gruppe Folgendes:
- Machen Sie als Erstes einen groben Zeitplan für Ihre Arbeit in der Gruppe: individuelles Studium, gemeinsames Durchgehen des Stoffes, gemeinsame methodische Vorbereitung, individuelle Vorbereitung.
- Studieren Sie zunächst individuell den entsprechenden Stoff, arbeiten Sie das Wesentliche heraus und fragen Sie sich auch, was Sie gegebenenfalls nicht verstehen.
- Bestimmen Sie nun spätestens situationsgerecht die Rollen in Ihrer Gruppe: Wenn jedes Gruppenmitglied je in einer andern Gruppe zu berichten hat, wird sich auch jedes Gruppenmitglied darauf vorberei-

9 In Gruppen lernen und arbeiten

ten müssen; wird erwartet, dass nur ein Gruppenmitglied vor der ganzen Schulklasse berichtet, dann sollte ein Gruppensprecher bestimmt werden; dürfen Sie auch zu zweit oder als ganze Gruppe berichten, dann sollten Sie im weiteren Verlauf der Arbeit bestimmen, wer was vortragen soll.

- Gehen Sie im Gruppengespräch den Stoff durch, prüfen Sie, ob alle dasselbe als wesentlich erachten. Reichern Sie die Informationen bei Bedarf an (z. B. Beispiele suchen, Begründungen suchen) und strukturieren Sie den Stoff wenn nötig (z. B. mittels einer Gedankenskizze).
- Klären Sie im Gespräch Verständnisschwierigkeiten. Ziehen Sie soweit nötig auch weitere Informationsquellen und Hilfen bei (z. B. Literatur, Lehrperson).
- Fragen Sie sich nun, was genau Sie einer andern Gruppe oder der ganzen Klasse erzählen wollen und wie Sie dies aufbauen wollen: Was ist wesentlich (Hauptideen, unterstützende Einzelheiten), in welcher Reihenfolge gehe ich bei den Erklärungen vor, was trage ich mündlich vor, was halte ich – etwa zur Veranschaulichung – auch schriftlich fest, zeichne ich eine Folie, gestalte ich ein Arbeitsblatt, prüfe ich während oder am Ende des Vortrages auch, ob die Mitschülerinnen und Mitschüler Verständnisfragen haben?
- Halten Sie stichwortartig fest, wie Sie vorgehen wollen.
- Prüfen Sie nochmals, ob jedem Gruppenmitglied seine Rolle klar ist.
- Nehmen Sie sich schliesslich noch etwas Zeit, um sich individuell auf die Präsentation vorzubereiten.

Denken Sie bei einer derartigen arbeitsteiligen Gruppenarbeit über den Prozess in der Gruppe sowie die nachfolgende Präsentation nach, um in kommenden, ähnlichen Situationen gleich erfolgreich oder noch erfolgreicher zu sein.

5 Zweiter Spezialfall: eine Prüfung in Gruppen vorbereiten

Eine Prüfung in einer Gruppe vorzubereiten kann sich sehr positiv auf den Lernprozess und das Prüfungsergebnis auswirken. Beachten Sie jedoch einige Bedingungen, die dazu erfüllt sein sollten:
- Setzen Sie die Gruppenarbeit sinnvoll ein, gemäss dem Grundsatz:
  - zuerst alleine: Stoff zunächst allein erarbeiten, vertiefen, wiederholen und üben; vertiefende Überlegungen, offene Fragen und Prüfungsfragen vorbereiten
  - dann in der Gruppe: offene Fragen klären, vertiefende Überlegungen diskutieren, sich gegenseitig vorbereitete Prüfungsfragen stellen und Lösungen diskutieren
  - und nochmals alleine: Ergebnisse aus der Gruppenarbeit nochmals durchgehen

9 In Gruppen lernen und arbeiten

- Arbeiten Sie in einer kleinen Gruppe (zwei bis vier Personen).
- Alle Gruppenmitglieder müssen dieselben Ziele verfolgen (z. B. ein gutes Prüfungsergebnis).
- Alle sollten einen ähnlichen Wissensstand haben oder aber bereit sein, auch «Schwächeren» zu helfen.
- Alle müssen bereit sein, wirklich zusammenzuarbeiten, indem Sie Gedanken anderer akzeptieren und aktiv sind.
- Vereinbaren Sie einen Arbeitsplan und die Arbeitsweise: Zeitpunkt und Dauer des Gruppentreffens; Thema; wer führt das Gespräch; was passiert mit jemandem, der nicht aktiv mitarbeitet.

Arbeitsvorschläge

9.1 Erstellen Sie bei der nächsten länger dauernden Gruppenarbeit – bevor Sie mit dem eigentlichen Arbeiten beginnen – mit den anderen Gruppenmitgliedern einen Plan, der Ihre Gruppenziele, die wesentlichen Arbeitsschritte, einen Zeitplan und die Rollenverteilung umfasst. Vergleichen Sie Ihre Überlegungen mit jenen einer anderen Gruppe.

9.2 Denken Sie über die Qualität des Arbeitsprozesses Ihrer letzten Gruppenarbeit nach. Beantworten Sie dazu die folgenden Fragen:
  - Hat sich die Vorgehensweise bewährt? Haben wir die gesetzten Ziele erreicht? Haben wir den Zeitplan eingehalten?
  - Wie sind wir mit Meinungsverschiedenheiten umgegangen?
  - Haben alle Gruppenmitglieder ungefähr gleichviel zum Gruppenergebnis beigetragen?
  - Was wollen wir im Hinblick auf zukünftige Gruppenarbeiten verändern?

9.3 Denken Sie darüber nach, welche der früheren Gruppenarbeiten ein Erfolg, welche ein Misserfolg waren? Welches waren die Gründe? Welche Folgerungen ziehen Sie daraus für künftige Gruppenarbeiten?

9.4 Überlegen Sie sich, in welchen Situationen, in denen Sie bisher allein gearbeitet haben, sich das Arbeiten in Gruppen lohnen würde? Wer käme als Lernpartner in Frage?

9.5 Erstellen Sie einen Zeitplan für das Vorbereiten einer Prüfung in einer Gruppe. Überlegen Sie sich zuerst, welche zeitlichen Rahmenbedingungen Sie persönlich berücksichtigen müssen und stimmen Sie dann Ihren eigenen Arbeitsplan und den Arbeitsplan der Gruppe aufeinander ab.

Selbstkontrolle → Leitfragen S. 11

Zielsetzung mit Teilschritten unter Berücksichtigung möglicher Schwierigkeiten

? Aufgabe

➡ Zielsetzung

Teilschritte	mögliche Schwierigkeiten	Massnahmen

Kopiervorlage, Christoph Metzger, Wie lerne ich?, WLI-Schule, ISBN 3-7941-4363-9 © 1998 by Verlag Sauerländer AG, 5001 Aarau

Zeitbudget für die Vorbereitung einer Abschlussprüfung

Fach | Tätigkeiten (z.B. Lektüre, Zusammenfassungen, Repetitionen, Übungen) | Zeit Total verfügbar/geplant ca.

		Anteile %	Bedarf h	gebraucht h	Anpassung

Kopiervorlage, Christoph Metzger, Wie lerne ich?, WLI-Schule, ISBN 3-7941-4363-9 © 1998 by Verlag Sauerländer AG, 5001 Aarau

Mehrwochenplan für die Vorbereitung einer Abschlussprüfung

Fach	Woche	Woche	Woche	Woche	Woche

* daraus Wochenpläne erstellen (Hausaufgabenheft /Agenda)

Kopiervorlage, Christoph Metzger, Wie lerne ich?, WLI-Schule, ISBN 3-7941-4363-9 © 1998 by Verlag Sauerländer AG, 5001 Aarau

Hausaufgabenheft

Woche .... vom .... bis ....

	✓ erledigen bis heute	✋ machen	⊙ t
MO			
DI			
MI			
DO			
FR			
SA / **SO**			

Kopiervorlage, Christoph Metzger, Wie lerne ich?, WLI-Schule, ISBN 3-7941-4363-9 © 1998 by Verlag Sauerländer AG, 5001 Aarau

Agenda Wochenplan mit Stundeneinteilung

	MO		DI		MI	
06–07		✓ erledigen		✓ erledigen		✓ erledigen
07–08		bis heute		bis heute		bis heute
08–09						
09–10						
10–11						
11–12						
12–13						
13–14						
14–15						
15–16		✋ machen t		✋ machen t		✋ machen t
16–17						
17–18						
18–19						
19–20						
20–21						
21–22						
22–23						
23–24						
24–06						

	DO		FR		SA	SO	
06–07		✓ erledigen		✓ erledigen			✓ erledigen
07–08		bis heute		bis heute			bis heute
08–09							
09–10							
10–11							
11–12							
12–13							
13–14							
14–15							
15–16		✋ machen t		✋ machen t			✋ machen t
16–17							
17–18							
18–19							
19–20							
20–21							
21–22							
22–23							
23–24							
24–06							

Kopiervorlage, Christoph Metzger, Wie lerne ich?, WLI-Schule, ISBN 3-7941-4363-9 © 1998 by Verlag Sauerländer AG, 5001 Aarau

Zeitanalyse 1
Zeitaufzeichnung: Was habe ich gemacht?

	MO	DI	MI	DO	FR	SA	SO
06–07							
07–08							
08–09							
09–10							
10–11							
11–12							
12–13							
13–14							
14–15							
15–16							
16–17							
17–18							
18–19							
19–20							
20–21							
21–22							
22–23							
23–24							
24–06							

Zeitanalyse 2
Zeitverbrauch: Wofür habe ich wie viele Stunden gebraucht?

✗	MO	DI	MI	DO	FR	SA	SO	Total	Durch-schnitt pro Tag
Persönlicher Unterhalt									
– Verpflegung									
– Schlaf									
– Haushalt									
– Transport									
–									
–									
–									
–									
Lernen und Arbeiten									
– Unterricht									
– Hausaufgaben mündlich									
– Hausaufgaben schriftlich									
– Prüfungen vorbereiten									
– Arbeit im Betrieb (für Lehrlinge)									
–									
–									
Freizeitgestaltung									
– Hobby									
– Geselligkeit									
– TV, Radio									
–									
–									
–									
Übriges									
– Hilfe im Haushalt									
– «Jobs»									
– Tagträume									
–									
–									
–									

Zeitanalyse 3
Wofür verwendete ich

angemessen Zeit?	zu wenig Zeit?	zu viel Zeit?

Zeitverschwender

Zeitanalyse 4
Massnahmen gegen die Zeitverschwender

Zeitverschwender	Rang	verursacht von mir	verursacht von aussen	Gegenmassnahmen geplant	durchgeführt/ nicht durchgeführt	Folgen

Kopiervorlage, Christoph Metzger, Wie lerne ich?, WLI-Schule, ISBN 3-7941-4363-9 © 1998 by Verlag Sauerländer AG, 5001 Aarau

Konzentrationsanalyse

Ziel/Aufgabe	verfügbare Zeit	was ich der Reihe nach wirklich mache/denke – aufgabenbezogen – nicht aufgabenbezogen (Störungen)	dafür gebrauchte Zeit	Störungen				künftige Gegenmassnahmen
				von aussen	von innen	vermeidbar	unvermeidbar	

Angstbestimmung und -reduktion

1. Stressoren — Listen Sie auf, was Sie im Zusammenhang mit bevorstehenden Situationen, (z.B. Prüfungen, Vortrag halten) bedrückt, und erstellen Sie eine Rangliste dieser Stressoren.

Rang | Stressoren

Mögliche Massnahmen — Wählen Sie einen der am wichtigsten rangierten Stressoren aus, und listen Sie auf, was Sie alles dagegen tun wollen.

3. Wahl von Massnahmen — Wählen Sie eine bis zwei der obigen Massnahmen aus, die Sie in nächster Zeit (z.B. während einer Woche) durchführen wollen. Erklären Sie, weshalb Sie dies tun wollen.

Massnahme

Begründung

Kopiervorlage, Christoph Metzger, Wie lerne ich?, WLI-Schule, ISBN 3-7941-4363-9 © 1998 by Verlag Sauerländer AG, 5001 Aarau

Angstbestimmung und -reduktion

4. Massnahmenprotokoll: Führen Sie während der geplanten Zeit ein Protokoll

Geplante Massnahmen	Welche Gedanken und Gefühle habe ich dabei gehabt?	Was habe ich in der Folge getan?	Welche Gedanken und Gefühle habe ich dabei gehabt?
Was habe ich durchgeführt?			
Was habe ich nicht durchgeführt? Warum nicht?			

Kopiervorlage, Christoph Metzger, Wie lerne ich?, WLI-Schule, ISBN 3-7941-4363-9 © 1998 by Verlag Sauerländer AG, 5001 Aarau

Prüfungsanalyse

✓ Prüfungsergebnis

Erzielte Note: Bin ich mit dem Ergebnis zufrieden?

– Was habe ich gut gemacht?

– Welche Lücken und Schwächen haben sich gezeigt?

⇨ Prüfungsvorbereitung

Zeitaufwand (Zeitbudget)   geplant: gebraucht:

– Warum habe ich mehr Zeit benötigt als geplant?

– Warum habe ich weniger Zeit benötigt als geplant?

– Warum habe ich so viel Zeit gebraucht wie geplant?

Zeitplan

– Habe ich mich an den Zeitplan gehalten?

– Wenn nein, weshalb nicht?

Kopiervorlage, Christoph Metzger, Wie lerne ich?, WLI-Schule, ISBN 3-7941-4363-9 © 1998 by Verlag Sauerländer AG, 5001 Aarau

Lernprozess (Lernstrategie)

– Was habe ich gut gemacht?

– Was habe ich nicht gut gemacht? Weshalb?

– Was will ich künftig wieder so machen?

– Was will ich künftig anders machen?

Während der Prüfung

– Habe ich mich situationsgerecht verhalten?

– Was habe ich gut gemacht?

– Was habe ich schlecht gemacht?

– Was will ich künftig anders machen?

Lernstrategienprotokoll
Den ganzen Lernprozess lenken

1 Lernstrategien situationsgerecht auswählen

1a Wie sieht die konkrete Lernsituation aus?

– Lernaufgabe (Lernziel, Umfang, Schwierigkeiten, Zeit, Prüfung)

– Lernbedingungen

1b Was muss ich bei mir selbst als Lernerin/Lerner beachten? (Vorwissen, Ziel, eigene Leistung, innerer Zustand, Lerngewohnheiten, Lernstrategien)

1c Welche Strategien kommen in Frage?

1d Welche Strategien wähle ich aus?

✓ 2 Lernstrategien situationsgerecht einsetzen und kontrollieren

Erreiche ich das Ziel?
Stimmt das Verhältnis Aufwand/Nutzen?
Stimmt die Lernatmosphäre?

2a Wie setze ich die ausgewählten Strategien um? (Wie und wann mache ich was?)

2b Welche Lernstrategien funktionieren? Warum?

2c Welche Lernstrategien funktionieren nicht? Warum nicht?

3 Lernstrategien anpassen

Was ändere ich an den gewählten Lernstrategien noch während des Lernprozesses?
Welche anderen Lernstrategien wähle ich?

4 Gesamtevalution am Ende einer Lernetappe

4a Was hat funktioniert? Warum?

4b Was hat nicht funktioniert? Warum?

4c Was mache ich nächstes Mal gleich?

4d Was mache ich nächstes Mal anders?

Literaturverzeichnis

Ellis, D. B. (1991). *Becoming a Master Student.* Rapid City: College Survival Inc.

Fragniere, J. P. (1993). *Wie schreibt man eine Diplomarbeit* (3. Aufl.). Bern: Haupt.

Frick, R., & Mosimann, W. (1994). *Lernen ist lernbar: Eine Anleitung zur Arbeits- und Lerntechnik in Schule, Aus- und Weiterbildung.* Aarau: Sauerländer.

Gertsch, Ch. A. (1999). *Lernen und Lehren mit Internet.* Aarau: Sauerländer.

Hacker, D. (1995). *A writer's reference* (3rd ed.). Boston: Bedford Books of St. Martin's Press.

How to give a classroom talk. Basic concepts learning guides. (1993). Oakville: Trilobyte Press.

Hülshoff, F. & Kaldewey, R. (1992). *Training rationeller lernen und arbeiten.* Stuttgart: Klett.

Jewler, J. A., Gardner, J. N. & McCarthy M.-J. (1993). *Your College Experience: Strategies for Success.* Belmont: Wadsworth Publishing Company.

Kirckhoff, M. (1994). *Mind Mapping* (9. Aufl.). Bremen: GABAL.

Knabe, G. (1978). *Schneller Lernen.* Düsseldorf/Wien: Econ.

Landolt, H. (1994). *Erfolgreiches Lehren und Lernen.* Aarau: Sauerländer.

Maren, G., Heinze, R. & Schott, F. (1977). *Konzentriert arbeiten, gezielt studieren.* München: Urban und Schwarz.

McWhorter, K. T. (1992). *College Reading and Study Skills* (5th ed.). New York: Harper Collins.

Metzger, Ch. (2000). *Lern- und Arbeitsstrategien. Ein Fachbuch für Studierende an Universitäten und Fachhochschulen* (3. Aufl.). Aarau: Sauerländer.

Metzger, Ch., Weinstein, C. E. & Palmer, D. R. (1998). *WLI-Schule, Wie lerne ich? Lernstrategieninventar für Schülerinnen und Schüler* (2. Aufl.). Aarau: Sauerländer.

Nüesch, Ch. (2000). Förderung von Lern- und Arbeitsstrategien für den Umgang mit dem Internet. *Schweizerische Zeitschrift für kaufmännisches Bildungswesen, 94* (5/6), 230-249.

Nüesch, Ch. & Schoch, E. (1998). Unterrichtseinheit zur Förderung der Lernstrategie «sich motivieren». *Schweizerische Zeitschrift für kaufmännisches Bildungswesen, 92* (5), 355–364.

Novak, J. D. & Gowin, D. B. (1984). *Learning how to learn.* Cambridge: University Press.

Ott, E., Fischer, R., Kärcher, A., Leitzinger, H. & Weiss, E. (1988). *Thema Lernen: Methodik des geistigen Arbeitens.* Stuttgart: Klett.

Pauk, W. (1993). *How to succeed in college* (5th ed.). Boston: Houghton Mifflin Company.

Pressley, M. & Levin, J. R. (Eds.). (1983). *Cognitive Strategy Research: Educational Applications.* New York: Springer.

Publication manual of the American Psychological Association (4th ed.). (1994). Washington: American Psychological Association.

Reischman, J. (1993). *Leichter lernen – leicht gemacht: Arbeitstechniken für Schule und Studium, Fortbildung u. Examensvorbereitung* (5. Aufl.). Bad Heilbrunn: Klinkhardt.

Robertson, H. (1993). *The english essay. A guide to essays and papers.* Toronto: McGraw-Hill.

Saxer, U., Tobler, T., & Rüfenacht, H. (1994). *Spannungsfeld Unternehmung.* Zürich: SKV.

Schräder-Naef, R. D. (1990). *Rationeller Lernen lernen: Ratschläge und Übungen für alle Wissbegierigen.* Weinheim: Beltz.

Schräder-Naef, R. D. (1991). *Lerntraining für Erwachsene.* Weinheim: Beltz.

Schräder-Naef, R. D. (1992). *Der Lerntrainer für die Oberstufe.* Weinheim: Beltz.

St. Galler Tagblatt, 7. Februar 1998.

Thommen, J. P. (1992). *Betriebswirtschaftslehre* (Band 1, 2. Aufl.). Zürich: Schellenberg.

Vollmer, G. & Hoberg, G. (1986). *Top-Training Lern- und Arbeitsstrategien: Behalten – Verarbeiten – Anwenden.* Stuttgart: Klett.

Wassermann, J. (1988). *Persönliche Arbeitstechniken.* Giessen: Dr. Götz Schmidt.

Weinstein, C. E. & Palmer, D. R. (1990). *LASSI-HS: Learning And Study Strategies Inventory – High School Version.* Clearwater: H.&H. Publishing Company, Inc.

Weinstein, C. E. & Palmer, D. R. (1990b). *LASSI-HS: User's Manual.* Clearwater: H.&H. Publishing Company, Inc.

Register

A

Agenda	22, 24, 27–32, 35
Aktivitäten	8, 21 f., 24, 25, 28 f., 45
Angst	6, 8, 10, 45–53
–, Angstanalyse	50, 52
–, Angstbestimmung	51–53
–, Angstreduktion	51–53
–, immunisieren	50
–, Selbstgespräche	38, 46, 50, 53
–, Umgang mit Angst	8
Anhänge	104
Arbeit	8 f., 13, 17, 20–25, 29, 32–34, 36–49, 62 f., 65, 71, 79, 90, 94–107, 109, 142, 145, 150, 153–156
Arbeitsbibliografie	97 f.
Arbeitsplan	124, 156
Arbeitsplatz	10, 16, 18, 20, 29, 40 f., 44, 48, 71, 84, 86, 122, 134
Aufgabe	6 f., 13 f., 16 f., 20 f., 29 f., 32, 36–42, 45, 48, 53, 71 f., 74 f., 85, 88, 95, 118, 120, 122–131, 133 f., 137, 140, 142, 146, 151
Aufträge	5, 13, 28, 46, 72, 84, 90, 109, 124 f., 129, 153
Arbeitsverhalten	32

D

Disposition	6, 67, 90, 94, 98, 100 f., 104, 107, 109, 122, 124, 129, 137, 146
–, Einleitung	85, 99 f., 109, 114, 124 f., 129
–, Feindisposition	100
–, Grobdisposition	100, 107
–, Hauptteil	85, 99 f., 109
–, Schluss	99 f., 109 f., 129

E

Entspannung	37, 39, 49
Entwurf	5 f., 94. 98, 100, 102, 122, 124, 126, 130

F

Formalien	98, 102
Forschungsfrage	97, 99, 102

G

Gedächtnis	8 f., 54, 66, 71, 128
Gruppenarbeit	42, 76, 82, 108, 151–156
–, arbeitsteilig	151, 154 f.
–, Prüfungen vorbereiten	155 f.

I

Illustrationen	104
Informationen	8–10, 54, 56, 58, 62–116, 120 f., 124, 128, 141, 143, 145, 155
–, anreichern	8, 62 f., 80, 85, 87, 90, 120
–, Gedankenstützen	63
–, innere Bilder	37, 64
–, ordnen	8, 62 f., 65 f., 70, 80, 85, 87 f., 90, 96, 98, 120, 141, 145
–, verarbeiten	8–10, 36, 54, 56, 62, 75, 83 f., 88, 108, 117, 119–121, 142
–, vertiefende Gedanken	64
–, wiederholen und üben	25, 62, 71, 74, 88, 119 f., 141, 155
Informationsquellen	96 f., 99, 104, 155
Inhaltsverzeichnis	61, 85 f., 98, 104
Internet	96, 106

K

Karteikarten	76, 90, 96, 98, 100, 120, 128, 140
kontrollieren	6 f., 10 f., 14, 22 f., 25, 32, 35, 87, 119 f., 124, 130 f., 138–150
Konzentration	8, 20, 23, 36–45, 47, 64, 75, 87 f., 133
–, Arbeitsplatz gestalten	40
–, bewusst handeln	42
–, Entspannungsübungen	39
–, Konzentrationsanalysen	36, 42 f.
–, Selbstzweifel	36, 38, 45, 49, 141, 144
–, Störungen	36–39, 41 f., 44, 48
Kurzzusammenfassung	65, 66, 90, 93, 98, 142

L

Leerzeit	21, 28
Lernaufgabe	6 f., 14, 16 f., 36 f., 40, 108, 142–144, 147, 152 f.
Lernbedingungen	8–10, 134, 142–145
Lernen	6, 8–12, 14, 19–21, 28, 37 f., 45 f., 54, 56, 64, 73, 77, 120, 128, 134, 138, 141–144, 151 f.
Lerner/Lernerin	6 f., 32, 54, 154
Lernergebnis	11
Lernprozess	11, 37, 120, 138, 140, 142, 155
Lernsituation	6 f., 10, 54, 62, 75 f., 83, 88, 117, 141 f., 144 f., 152 f.
Lernstrategien	5–12, 36, 45, 54, 56, 62, 65, 94, 108, 117, 134, 138, 142–147, 150, 153

Register

–, anpassen	11, 138, 144
–, auswählen	7, 11, 55, 138, 142, 144
–, einsetzen	7, 9, 19, 45 f., 54 f., 73, 75, 138, 142, 144, 146 f.
–, kontrollieren	6 f., 10 f., 14, 87, 120, 124, 136–150
Lernstrategieneinsatz	138, 146
Lernstrategienprotokoll	147, 156
Lernzeit	19
Lesen	83–93
Literaturverzeichnis	85, 97, 104, 106 f.

M

Motivation	8, 11, 16, 23, 42, 45 f., 134, 146
–, Erfolgserlebnisse	12, 14, 42, 145
–, Interesse wecken	12, 16, 32, 86, 146
–, positiv einstellen	6, 9–12, 17 f., 42, 45 f., 49 f., 53, 95, 117, 122, 139, 152, 155
–, Ziele setzen	12–14, 18, 21 f., 42, 46, 141, 143, 153, 156

N

Notizen machen	75–82
–, Abkürzungen	78, 82, 110
–, Blatteinteilung	77, 82
–, Farben	63, 78, 87
–, nochmals durchgehen	72, 140
–, Schreib-, Lesehilfen	78
–, überarbeiten	90, 120
–, vervollständigen	79
–, vorbereiten	75, 77

P

Plan	22–25, 27, 29
–, Agenda	22, 24, 27–32, 35
–, kurzfristig	19, 24, 28 f., 97
–, langfristig	19, 32
–, mittelfristig	19, 24 f., 28, 95
–, Wochenplan	27, 35, 142
präsentieren	108–116
–, Augenkontakt	112
–, Hilfsmittel	108–110, 112, 114
–, Körpersprache	113
–, Präsentationskonzept	108
–, Sprache	113
–, Standort	112, 114
Priorität	21, 24, 32 f.

Projekt	13, 22, 24 f., 28 f., 35, 58, 64, 72, 84, 90, 94, 97, 142, 153
Prüfungen	6–8, 10, 13, 20, 22–25, 28, 46, 48 f., 53 f., 64, 70 f., 117–138, 141, 145–147
–, Aufgaben lösen	72, 124
–, bewältigen	6 f., 10, 48, 54, 117, 145
–, einstimmen	122
–, mündliche Prüfung	131, 137
–, nachbearbeiten	117, 133
–, sich selbst einschätzen	45, 48, 118
–, vorbereiten	117–119, 122, 131, 146 f., 154–156
–, Vorbereitungsplan	118, 137
–, während Prüfungen	117, 121, 131, 133 f.
Prüfungsanalyse	134 f., 137
Prüfungsaufgaben	123–125, 133, 137, 145
–, Auswahlaufgaben	100, 123 f., 126, 128, 137, 142 f.
–, Bearbeitungsaufgaben	118, 123
Prüfungsstrategie	117, 122
Prüfungsvorbereitung	20, 22, 25, 29, 49, 72 f., 79, 86, 89, 117, 122, 124, 134, 142, 146 f.

Q

Quellen	96–100, 104, 107, 120, 126, 155

R

Reinfassung	94, 100

S

Selbstkontrolle	11, 138
Sprache	21, 24, 37, 57, 61, 75, 89 f., 102 f., 113, 125, 127, 134, 139–141, 147
Stil	5 f., 102, 107
Stress	6, 10, 45–53
–, Entspannungstechniken	49
–, Ernährung	47
–, körperliche Fitness	47
–, Schlaf	38, 42, 122

T

Texte lesen	83–93
–, gründlich lesen und verarbeiten	86, 88
–, Leseetappe	90
–, Lesesituation	85–87
–, markieren	55, 80, 98, 121, 124, 145, 147
–, Textart	84

Register

-, Texte nachbearbeiten 83, 88
-, Überblick verschaffen 5, 65 f., 72, 75, 84–86, 88, 96, 122–124, 145, 147
-, überfliegen 72, 85 f., 130, 141
Thema 10, 12, 16–18, 21, 58 f., 61, 63 f., 66, 78, 86, 88, 95–98, 102, 107, 109, 116, 130, 134, 140, 142, 146 f., 156
These 99, 109, 115
Titelseite 104 f.

V

verstehen 8 f., 47, 59, 64, 66, 75, 84, 87, 89, 107, 124, 139–141, 143, 147, 154

W

Wesentliches erkennen 8–10, 54–61, 78, 98
-, Aufbau einer Information 57 f.
-, Form einer Information 56, 65
-, Hauptgedanke 58, 59, 61, 66 f., 70–72, 76, 78, 84, 87–89, 102, 109, 125, 129, 132, 140, 142
-, Hilfsmittel 56
-, Nebensächliches 58 f., 78, 142
-, sprachliche Hinweise 56
-, unterstützende Einzelheiten 59, 61, 109, 132, 140, 142, 155
-, Wahrnehmungskanäle 9, 54 f.
Wissen erwerben 8, 139

Z

Zeit 6–8, 10, 12 f., 19–35, 38, 42, 46–49, 55, 59, 72 f., 76, 84, 86, 90, 93, 95, 97, 109, 111, 118 f., 122–124, 130, 133 f., 141, 145, 151, 153
-, gewinnen 19, 21
-, hinausschieben 32 f.
-, richtig einteilen 19
Zeitanalyse 19, 33, 34 f.
Zeitaufzeichnung 35
Zeitbudget 22–24, 26, 35, 119, 124, 153
Zeitplan 23 f., 28, 32, 35, 95–97, 145, 147, 153 f., 156
Zeitplanung 8, 22, 29
Zeitverbrauch 33, 35
Zeitverschwender 33, 35
Ziele 6, 12–14, 18, 21 f., 42, 46, 141, 143, 153, 156
-, kurzfristige 13 f., 18 f., 24, 28 f., 146
-, langfristige 12–14, 19, 24, 32
-, mittelfristige 13, 19, 24 f., 28
Ziele setzen 12–15
Zielerreichung 14
Zitat 98, 103 f., 106
zitieren 97, 103 f., 106
Zusammenfassung 13, 25, 40, 50, 56 f., 65 f., 70, 74, 78, 83, 85, 87 f., 90, 93, 102, 112, 120 f., 128, 142